Job weg

Beobachter-Edition
3., aktualisierte Auflage, 2016

www.beobachter.ch

Herausgeber: Der Schweizerische Beobachter, Zürich
Lektorat: Käthi Zeugin, Zürich
Umschlaggestaltung und Reihenkonzept: Cornelia Federer, fraufederer.ch
Umschlagillustration: illumueller.ch
Satz: Bruno Bolliger, Losone
Druck: CPI Books GmbH, Ulm
ISBN 978-3-85569-954-4

Mit dem Beobachter online in Kontakt:
www.facebook.com/beobachtermagazin
www.twitter.com/BeobachterRat

MIX
Papier aus verantwortungsvollen Quellen
FSC www.fsc.org
FSC® C083411

IRMTRAUD BRÄUNLICH KELLER

Job weg

Was tun bei Arbeitslosigkeit?

Ein Ratgeber aus der Beobachter-Praxis Beobachter EDITION

Die Autorin

Irmtraud Bräunlich Keller, lic. rer. pol., ist Redaktorin und Arbeitsrechtsspezialistin beim Beobachter. Sie ist Autorin der Beobachter-Ratgeber «Arbeitsrecht», «Flexibel arbeiten: Temporär, Teilzeit, Freelance» und «Mobbing – so nicht!» sowie Koautorin von «Fair qualifiziert?», «OR für den Alltag» und «Plötzlich Chef».

Stand Gesetze und Rechtsprechung: Januar 2016

Dank

Ich danke meiner langjährigen Lektorin Käthi Zeugin für die stets angenehme und konstruktive Zusammenarbeit, für ihren Scharfsinn, ihr kritisches Auge und ihre wertvollen Anregungen.

Download-Angebot zu diesem Buch
Unter www.beobachter.ch/download (Code 9544) finden Sie die Checkliste zur Zeugnisbeurteilung und alle Musterbriefe zum Herunterladen und Bearbeiten.

Inhalt

Anhang 177

Vorwort

Der teure Franken, die ausbleibenden Touristen, die Billigkonkurrenz im Ausland oder auch banale Managementfehler: Es gibt viele Gründe, weshalb Unternehmen sich gezwungen sehen, Mitarbeitende zu entlassen. Vielleicht haben Sie dieses Buch gekauft, weil Sie das Opfer wirtschaftlicher Schwierigkeiten geworden sind. Vielleicht sind aber auch individuelle Gründe schuld daran, dass Sie Ihre Stelle verlieren – Konflikte mit einem neuen Chef, gesundheitliche Probleme oder eine Umorganisation.

Was auch immer zur Kündigung geführt hat, Sie sind kein Einzelfall. Eine Entlassung kann mittlerweile jede und jeden treffen – die Lebensstelle, die unbefristete Festanstellung ist ein Auslaufmodell; absolut sichere Arbeitsplätze gibt es heute kaum mehr. Wichtig ist, dass Sie sich durch diesen Rückschlag nicht entmutigen lassen und die Stellensuche mit Initiative und Kompetenz in Angriff nehmen.

Der vorliegende Ratgeber, der jetzt schon in der dritten Auflage erscheint, informiert Sie über Ihre Rechte und Pflichten rund um die Kündigung, erläutert die oft komplizierten Bestimmungen der Arbeitslosenversicherung und zeigt mit vielen Tipps und Beispielen, wie Sie die Hürden umschiffen und die guten Angebote für sich nutzen können. Kurz: Dieses Buch wird Sie durch die Zeit der Erwerbslosigkeit begleiten und Ihnen helfen, den beruflichen Neustart erfolgreich zu meistern.

Imrtraud Bräunlich Keller
im März 2016

1

Wenn die Kündigung droht

Die Firma in wirtschaftlichen Schwierigkeiten

Im schweizerischen Arbeitsvertragsrecht gilt der Grundsatz der Kündigungsfreiheit. Kündigungen können praktisch jederzeit – auch ohne Vorwarnung – ausgesprochen werden. Trotzdem kommt die Entlassung meist nicht völlig unerwartet.

Wer rechtzeitig handelt, kann die Folgen eines Stellenverlustes mildern und hat auf dem Arbeitsmarkt die besseren Karten.

Warnsignale beachten

Dass es der Firma, in der Sie angestellt sind, schlecht geht, zeigt sich in der Regel an deutlichen Warnsignalen: Übernahmen, Umstrukturierungen, Wechsel in Verwaltungsrat und Geschäftsleitung, fallende Aktienkurse. Höchste Alarmstufe bedeuten offene Rechnungen und Schwierigkeiten bei der Lohnzahlung. Behalten Sie also den Geschäftsgang der Firma im Auge. Warten Sie nicht passiv wie das Kaninchen vor der Schlange, ob es Sie treffen wird, sondern analysieren Sie Ihre Situation und Ihre Chancen auf dem Arbeitsmarkt. Und wappnen Sie sich schon früh für eine allfällige Stellensuche.

- Verlangen Sie bei jeder Versetzung und jedem Chefwechsel ein Zwischenzeugnis.
- Achten Sie darauf, dass Ihre Bewerbungsunterlagen auf dem neusten Stand und jederzeit einsatzbereit sind.
- Lesen Sie regelmässig die Stellenanzeigen und konsultieren Sie die Internet-Jobbörsen.

- Aktivieren Sie Ihr privates und berufliches Netzwerk – auch in den sozialen Medien. Signalisieren Sie, dass Sie offen sind für neue Herausforderungen.
- Brauchen Sie eine Weiterbildung oder einen Auffrischungskurs? Fachkenntnisse à jour bringen können Sie unter Umständen auch mithilfe der Arbeitslosenversicherung (siehe Seite 132).
- Wenn Sie die Stelle schon lange nicht mehr gewechselt haben, lohnt sich eine Laufbahnberatung. Informieren Sie sich über moderne Bewerbungstechniken.

TIPP *Analysieren Sie auch Ihre finanzielle Situation. Was würde eine Phase der Erwerbslosigkeit für Ihre Lebenshaltung bedeuten? Drängen sich Anpassungen auf? Sprechen Sie offen mit Ihrer Partnerin, Ihrem Partner über solche Fragen. Falls Sie als Ernährer in einer traditionellen Ehe leben, ist für Ihre Frau vielleicht jetzt der Zeitpunkt gekommen, den Wiedereinstieg in den Beruf zu planen.*

Muss eine Firma aus wirtschaftlichen Gründen Stellen abbauen und sind rund zehn Prozent der Belegschaft betroffen, gelten Sonderregeln (siehe Seite 35). Alles über Sozialpläne, Abfindungen etc. finden Sie auf Seite 70.

Zur Rettung der Arbeitsplätze: Kurzarbeit

Solange noch Hoffnung besteht, dass die Betriebsflaute vorübergehend ist, kann die Arbeitgeberin versuchen, die Arbeitsplätze mithilfe von Kurzarbeit zu retten. Darunter versteht man eine wirtschaftlich bedingte, unvermeidbare und vorübergehende Reduktion der vertraglichen Arbeitszeit um mindestens zehn Prozent für alle Arbeitnehmenden oder für bestimmte Gruppen in einem Unternehmen. Die Arbeitgeberin lässt ihre Angestellten zum Beispiel statt der üblichen 40 nur noch 25 Stunden wöchentlich arbeiten; die Arbeitslosenkasse hilft, den Lohnausfall zu tragen. Zweck der Kurzarbeit ist immer die Erhaltung der Arbeitsplätze.

Nicht als Kurzarbeit gilt ein Arbeitsausfall, der zum üblichen Betriebsrisiko gehört (etwa wegen Renovations- oder Revisionsarbeiten) oder durch typische saisonale Schwankungen verursacht wird, beispielsweise in Gärtnereibetrieben oder in der Baubranche. Zum üblichen Betriebsrisiko gehören normalerweise auch Schwankungen der Devisenkurse. Die Aufhebung des Frankenmindestkurses gegenüber dem Euro durch die Nationalbank im Januar 2015 hatte aber Auswirkungen, die als ausserordentlich einzustufen waren. In der Folge wurde daher entschieden, dass Unternehmen, die wegen des starken Frankens wirtschaftliche Probleme haben, Kurzarbeitsentschädigung beantragen können.

VON KURZARBEIT AUSGENOMMEN

Für folgende Arbeitnehmer und Arbeitnehmerinnen ist keine Kurzarbeit möglich:

- Angestellte, die bereits eine AHV-Rente beziehen
- Aushilfen, die auf Abruf eingesetzt werden und deren Arbeitsausfall daher nicht bestimmbar ist
- Personen in befristetem oder gekündigtem Arbeitsverhältnis (sie können auf dem vollen Lohn beharren)
- Hohe leitende Angestellte und Miteigentümer, die als Mitglieder eines obersten betrieblichen Entscheidungsgremiums die Geschicke der Firma bestimmen oder massgeblich beeinflussen können, sowie ihre mitarbeitenden Ehegatten
- Lehrlinge
- Temporärangestellte

So hilft die Arbeitslosenversicherung

Die durch die Kurzarbeit entstehenden Lohneinbussen werden durch eine Entschädigung der Arbeitslosenversicherung gedeckt, und zwar normalerweise während maximal zwölf Monaten innerhalb von zwei Jahren. Die Kurzarbeitsentschädigung beträgt 80 Prozent des Verdienstausfalls, die Obergrenze liegt bei 80 Prozent von 12 350 Franken pro Monat (Stand 2016). Bestimmte von der Versicherung nicht übernommene Karenztage gehen zulasten des Arbeitgebers.

TIPP *Der Bundesrat hat die Höchstbezugsdauer von Kurzarbeitsentschädigung per 1. Feburar 2016 auf achtzehn Monate verlängert. Dies gilt bis zum 31. Juli 2017. Die vom starken Franken betroffenen Unternehmen haben dadurch mehr Zeit, um sich an die neue Marktlage anzupassen.*

Der Arbeitgeber muss den Angestellten diese Entschädigung vorschiessen und sie zusammen mit dem reduzierten Lohn zum üblichen Zeitpunkt auszahlen. Während der Kurzarbeit werden die vollen Sozialversicherungsbeiträge abgerechnet und vom Lohn abgezogen.

Als Arbeitnehmer können Sie Kurzarbeit verweigern und den vollen Lohn verlangen. Allerdings müssen Sie dann mit einer Kündigung rechnen. Sind Sie bereits im gekündigten Arbeitsverhältnis oder wird während der Kurzarbeit gekündigt, ist der Zweck der Kurzarbeit – die Erhaltung des Arbeitsplatzes – nicht mehr gegeben. Deshalb haben Sie Anspruch auf den vollen Lohn. Nach Auffassung namhafter Arbeitsrechtler darf man sogar den Lohnausfall für die bereits geleistete Kurzarbeit zurückverlangen.

TIPP *Ein Merkblatt über die Kurzarbeitsentschädigung können Sie im Internet beziehen (www.treffpunkt-arbeit.ch → Publikationen → Info-Service Arbeitgeber). Dort finden Sie auch ein ausführliches Kreisschreiben zum Thema.*

Wenn der Lohn ausbleibt

Kommt Ihr Lohn immer wieder verspätet, oder ist der Arbeitgeber gar mit fälligen Zahlungen im Rückstand? Das bedeutet höchste Alarmstufe. Wenn der Lohn ausbleibt, sollten Sie nicht lange fackeln.

Mahnen Sie den Arbeitgeber schriftlich unter Ansetzung einer kurzen Frist. Kann er nicht zahlen, verlangen Sie, dass er für den aktuellen und künftigen Lohn Sicherheit leistet (Bankgarantie, Wertschriftendepot).

Ihre Rechte bei Zahlungsverzug

Sie dürfen die Arbeit verweigern, solange der Arbeitgeber mit fälligen Lohnzahlungen im Rückstand ist. Die Arbeitsniederlegung sollten Sie ihm schriftlich unter Ansetzung einer kurzen Frist androhen (Musterbrief im Anhang). Ist der Arbeitgeber klar zahlungsunfähig, dürfen Sie – nach schriftlicher Vorankündigung – fristlos kündigen und Schadenersatz verlangen (Lohn während der Kündigungsfrist).

Die ausstehenden Löhne können Sie durch Betreibung oder Klage einfordern. Verlangen Sie Verzugszinsen von fünf Prozent.

Gerät der Arbeitgeber in Konkurs, müssen Sie Ihre offenen Lohnforderungen beim Konkursamt eingeben; sie werden Teil des Konkursverfahrens. Melden Sie sich nach dem Konkurs sofort arbeitslos. Sie erhalten vom Tag der Anmeldung an Taggelder, sofern Sie die Voraussetzungen zum Bezug von Arbeitslosenentschädigung erfüllen (siehe Seite 90).

Offene Lohnforderungen für die letzten vier Monate des Arbeitsverhältnisses vor der Konkurseröffnung sowie Lohnforderungen für Arbeitsleistungen nach dem Konkurs deckt die Arbeitslosenversicherung über die **Insolvenzentschädigung**, und zwar zu 100 Prozent (Obergrenze: 12 350 Franken pro Monat, Stand 2016). Ihren Anspruch auf Insolvenzentschädigung müssen Sie bis spätestens 60 Tage nach der Veröffentlichung des Konkurses im Schweizerischen Handelsamtsblatt bei der öffentlichen Arbeitslosenkasse anmelden, die am Ort des Betreibungs- und Konkursamts zuständig ist. Danach ist es zu spät. Ein Merkblatt zur Insolvenzentschädigung finden Sie unter www.treffpunkt-arbeit.ch → (Publikationen → Info-Service für Arbeitslose).

TIPP *Die Insolvenzentschädigung kommt nur für Lohnansprüche auf, die noch während des Arbeitsverhältnisses entstanden sind. Kündigen Sie daher nicht voreilig fristlos, wenn der Lohn ausbleibt. Ansprüche für die Zeit nach der fristlosen Kündigung deckt diese Versicherung nicht.*

Konflikte mit dem Arbeitgeber

Rechnen Sie mit einer Kündigung, weil der Arbeitgeber immer wieder Ihre Leistung kritisiert? Haben Sie Konflikte mit einer neuen Chefin? Sind Sie mit einer Änderung der Anstellungsbedingungen nicht einverstanden, oder werden Sie gar schikaniert und gemobbt?

Bei ernstlichen Spannungen im Betrieb bleibt nichts anderes übrig, als in einer ruhigen Minute die Situation zu analysieren. Sind Sie an Ihrer gegenwärtigen Stelle überhaupt am richtigen Ort, oder könnten Sie Ihre Fähigkeiten anderswo besser einsetzen? Ist das Arbeitsklima noch erträglich? Sehen Sie Möglichkeiten, die Probleme zu lösen, mit den Vorgesetzten zu verhandeln, sich versetzen zu lassen, Ihre Leistung oder Ihre Motivation zu verbessern? Gibt es interne Stellen, an die Sie sich mit Ihren Problemen wenden könnten?

Notieren Sie auf einem Blatt Papier alle Gründe, die für bzw. gegen eine Vertragsauflösung sprechen. Wenn Sie zum Schluss kommen, dass Sie an Ihrer gegenwärtigen Stelle längerfristig keine Zukunft mehr haben, sollten Sie umgehend aktiv werden und mit der Stellensuche beginnen. Beachten Sie die Tipps auf Seite 16.

So verhalten Sie sich richtig

Haben Sie ernsthafte Konflikte mit Ihrem Arbeitgeber, sollten Sie folgende Punkte beachten:

- Verweigern Sie nie das Gespräch, zeigen Sie sich lösungsorientiert und verhandlungsbereit. Verlangen Sie jedoch, dass wichtige Unterredungen protokolliert und Vereinbarungen schwarz auf weiss festgehalten werden. Äussern Sie allfällige Proteste aus Beweisgründen schriftlich.
- Unterbreiten Sie dem Arbeitgeber Lösungsvorschläge, wie die Situation Ihrer Meinung nach bereinigt werden könnte. Erarbeiten Sie gemeinsam konkrete (realisier- und überprüfbare) Ziele und vereinbaren Sie eine Bewährungsfrist.
- Notieren Sie sich Ungereimtheiten oder unfaire Machenschaften und bewahren Sie vorhandene Belege dafür auf.
- Sie haben jederzeit das Recht, Ihre Personalakte einzusehen. Nehmen Sie schriftlich Stellung, wenn Sie mit einer Qualifikation oder Verwarnung nicht einverstanden sind. Verlangen Sie, dass Ihre Stellungnahme ins Personaldossier kommt.
- Verlangen Sie Bedenkzeit, wenn Sie sich überrumpelt fühlen oder wenn Sie irgendein Papier unterschreiben sollen.

TIPP *Lassen Sie sich rechtlich beraten, wenn Sie mit der Situation nicht mehr klarkommen. Kapseln Sie sich nicht ab, sondern sprechen Sie über Ihre Probleme. Holen Sie Hilfe: beim* *internen Sozialdienst, bei Ihrer Ärztin, Ihrer Gewerkschaft oder einer Mobbing-Beratungsstelle.*

BUCHTIPP

Wie Sie sich in einer Mobbing-Situation richtig verhalten, zeigt Ihnen dieser Beobachter-Ratgeber: **Mobbing – so nicht! Wie Sie sich gegen Schikanen am Arbeitsplatz wehren.**
www.beobachter.ch/buchshop

Wichtig: Konflikte schriftlich festhalten
Wird einem Arbeitnehmer nur deshalb gekündigt, weil er sich für seine Rechte eingesetzt hat – zum Beispiel für die Bezahlung von Überstunden oder die Einhaltung des Arbeitsvertrags –, dann ist die Kündigung missbräuchlich. In solchen Fällen kann man eine Entschädigung von bis zu sechs Monatslöhnen einklagen. Allerdings müssen Sie den Missbrauch beweisen können. Aus diesem Grund sind schriftliche Aufzeichnungen, die einen Konflikt belegen, unerlässlich (zur missbräuchlichen Kündigung siehe Seite 43).

Kündigung aus heiterem Himmel?

Nicht immer zeichnet sich die Beendigung des Arbeitsverhältnisses vorgängig ab. Häufig berichten Arbeitnehmende an der Hotline des Beobachter-Beratungszentrums, die Kündigung habe sie wie ein Blitz aus heiterem Himmel getroffen.

Für eine Kündigung braucht es nach Schweizer Recht weder eine Vorankündigung noch eine Verwarnung. Was Laura P. erlebt hat, ist kein Einzelfall:

ALS DIE EXPORTSACHBEARBEITERIN an einem Donnerstag zum Chef gerufen wird, ahnt sie nichts Böses. Schliesslich kommt es immer mal wieder vor, dass Ihr Vorgesetzter spontan etwas mit ihr besprechen will. Laura P. fällt aus allen Wolken, als der Chef ihr im Beisein der Personalverantwortlichen eröffnet, dass man sich von ihr trennen wolle. Sie arbeite zu langsam, sei zu wenig selbständig, und überhaupt brauche es an dieser Stelle jemanden mit besseren Englischkenntnissen. Wie betäubt nimmt sie das Kündigungsschreiben in Empfang und verlässt das Chefbüro. Dass man mit ihrer Arbeit nicht zufrieden ist, hat ihr bisher niemand gesagt. Wenig später erfährt Frau P., dass ihre Stelle mit einer guten Bekannten des Chefs besetzt werden soll.

Kann sich Frau P. wehren? Die Chancen stehen schlecht, denn laut Bundesgericht ist es zwar «kaum als anständig» zu bezeichnen, wenn ohne vorgängiges Gespräch gekündigt wird. Es sei aber zwischen einem unanständigen und einem rechtswidrigen Verhalten zu unterscheiden, so das Gericht. Das Arbeitsvertragsrecht sieht nun einmal keine Anhörungspflicht vor der Kündigung vor. Auch einen triftigen Grund braucht es nicht (Urteil des Bundesgerichts 4C.174/2004 vom 5.8.2004). Immerhin kann eine Kündigung missbräuchlich sein, wenn sie auf besonders verletzende oder demütigende Art ausgesprochen wird (siehe Seite 45).

Nicht vorschnell unterschreiben

Wenn Ihnen Knall auf Fall gekündigt wird, dürfen Sie sich nicht ins Bockshorn jagen lassen. Sie sind nicht verpflichtet, während des Kündigungsgesprächs irgendetwas zu unterschreiben. Allenfalls können Sie den Empfang der Kündigung schriftlich bestätigen, aber nicht mehr. Verlangen Sie Bedenkzeit, wenn Sie Ihr Einverständnis zu einer speziellen Austrittsvereinbarung geben sollen. Nehmen Sie das Papier mit nach Hause und lesen Sie es sorgfältig durch. Fragen Sie nach oder holen Sie fachlichen Rat, wenn etwas unklar ist.

TIPP *Lassen Sie sich nicht unter Druck setzen. Auch nicht, wenn man Ihnen zu verstehen gibt, eine Unterschrift wirke sich positiv auf das Arbeitszeugnis aus. Der Inhalt des Zeugnisses darf nicht davon abhängen, ob Sie sofort unterschreiben oder nicht. Sagen Sie, Sie seien im Moment viel zu aufgewühlt, um einen Entscheid zu fällen, und bleiben Sie dabei.*

Ist die Kündigung korrekt?

Prüfen Sie auch, ob die Kündigungsfrist eingehalten wurde und ob möglicherweise eine Sperrfrist zu beachten ist (siehe Seite 38). Sie haben das Recht auf eine schriftliche Begründung der Kündigung. Stecken unfaire Motive dahinter? Dann ist sie unter Umständen missbräuchlich (siehe Seite 43). Werden Sie per sofort von der Arbeit freigestellt, müssen Sie dies in aller Regel akzeptieren (mehr dazu auf Seite 57).

TIPP *Besprechen Sie mit Ihrem Chef die Sprachregelung, wie Ihr Weggang kommuniziert werden soll: Warum, wann, wie? So kommt es wegen der plötzlichen Kündigung nicht zu irgendwelchen Gerüchten.*

Sie sollen selber kündigen?

Häufig werden Arbeitnehmende vor die Wahl gestellt, selbst zu kündigen oder sich kündigen zu lassen. Als Faustregel gilt: Kündigen Sie erst dann von sich aus, wenn Sie einen neuen Arbeitsvertrag in der Tasche haben. Andernfalls soll der Arbeitgeber kündigen.

Selber zu kündigen hat Nachteile. Haben Sie den blauen Brief erst einmal abgeschickt, haben Sie später keine Möglichkeit mehr, die Vertragsauflösung als missbräuchlich anzufechten. Auch lässt sich eine einmal ausgesprochene Kündigung nicht mehr zurücknehmen. Dafür bräuchte es das Einverständnis des Arbeitgebers. Ausserdem können Sie bei einer eigenen Kündigung nicht vom gesetzlichen Kündigungsschutz bei Arbeitsunfähigkeit profitieren (mehr dazu auf Seite 38). Und sollten Sie arbeitslos werden, riskieren Sie Einstelltage bei der Arbeitslosenversicherung.

TIPP *Ob Sie kündigen oder nicht, entscheiden Sie allein. Niemand kann Sie zwingen, selbst zu kündigen. Auch der Inhalt des Arbeitszeugnisses darf nicht davon abhängig gemacht werden, wer die Kündigung ausspricht. Protestieren Sie schriftlich, wenn Ihr Arbeitgeber versucht, Sie unter Druck zu setzen.*

Was gilt bei der Arbeitslosenversicherung?

Viele Leute glauben, sie könnten nicht stempeln gehen, wenn sie selbst gekündigt haben. Das stimmt nicht. Aber: Wenn Sie ohne Not eine zumutbare Stelle aufgeben, büsst Sie die Arbeitslosenversicherung allenfalls wegen selbst verschuldeter Arbeitslosigkeit mit Einstelltagen (siehe Seite 166). Und so verhalten Sie sich klug:

- Falls Sie selbst kündigen, weil Ihnen der Arbeitgeber sonst kündigen würde, sollten Sie in Ihrem Schreiben festhalten, dass Sie nicht freiwillig gehen.
- Kündigen Sie, weil Ihre Stelle aus gesundheitlichen Gründen nicht mehr zumutbar ist, sollten Sie sich dies von Ihrem Arzt schriftlich bestätigen lassen.
- Dasselbe gilt, wenn Sie die Arbeitssituation wegen Schikanen und Ausgrenzung oder übertriebenem Leistungsdruck nicht mehr aushalten. Am besten hält der Arzt im Zeugnis fest, dass er Ihnen aus gesundheitlichen Gründen geraten hat, die Stelle aufzugeben.

2

Rechtsfragen rund um die Kündigung

Die ordentliche Kündigung

Arbeitsverhältnisse können mit wenigen Ausnahmen praktisch jederzeit aufgelöst werden. Allerdings gilt es, dabei gewisse Regeln zu beachten. In diesem Kapitel lesen Sie, wie eine korrekte Kündigung ablaufen muss, welche Ansprüche und Möglichkeiten Sie haben und wann Sie sich gegen eine Kündigung wehren können.

Unabhängig davon, ob die Kündigung vom Arbeitgeber oder Arbeitnehmer ausgeht, sind bestimmte Vorschriften und Fristen einzuhalten, wenn ein Arbeitsverhältnis aufgelöst werden soll.

Eine konkrete Form ist für Kündigungen nicht vorgeschrieben, es sei denn, dies wurde vertraglich vereinbart. Entscheidend ist, dass der Kündigende seinen Willen unmissverständlich mitteilt und dass klar ist, auf welchen Zeitpunkt hin das Arbeitsverhältnis aufgelöst wird. Üblich ist ein eingeschriebener Brief. Man kann aber auch mündlich oder per SMS kündigen, was allerdings aus Beweisgründen nicht empfehlenswert ist. Meist wird eine Kündigung zuerst in einem Gespräch mündlich eröffnet und anschliessend schriftlich bestätigt.

INFO *Die folgenden Ausführungen zum Kündigungsrecht beziehen sich auf privatrechtliche Anstellungsverhältnisse gemäss Obligationenrecht. Die für Staatsangestellte geltenden Anstellungsbedingungen sind kantonal unterschiedlich. Daneben gibt es das Personalgesetz des Bundes sowie Anstellungsbedingungen der Gemeinden. In der Regel haben Staatsangestellte vor einer Kündigung Anspruch auf rechtliches Gehör. Zudem braucht es für eine Vertragsauflösung einen triftigen Grund. Wenden Sie sich bei allfälligen Rechtsfragen an das für Sie zuständige Personalamt.*

Die Kündigungsfristen

In den meisten Fällen sind die Kündigungsfristen im Arbeitsvertrag festgelegt. Fehlt eine solche Vereinbarung, gelten die gesetzlichen Fristen (Art. 335c OR). Diese betragen

- während der (maximal dreimonatigen) Probezeit: sieben Tage (auf einen beliebigen Wochentag)
- im ersten Dienstjahr: einen Monat
- ab dem zweiten bis und mit neunten Dienstjahr: zwei Monate
- danach: drei Monate

Gekündigt wird nach Ablauf der Probezeit jeweils auf ein Monatsende. Die gesetzlichen Kündigungsfristen dürfen nur durch schriftliche Vereinbarung abgeändert werden, also im Arbeitsvertrag oder im Gesamtarbeitsvertrag (GAV). Für Arbeitgeber und Arbeitnehmer müssen stets gleich lange Fristen gelten. Die Kündigungsfristen gelten auch bei Anstellungen mit kleinem Teilzeitpensum oder bei Arbeit im Stundenlohn. Kündigungen per sofort sind nur aus wichtigen Gründen möglich (siehe Seite 49) oder im gegenseitigen Einvernehmen.

TIPP *Akzeptieren Sie keine Kündigung, bei der die Kündigungsfrist nicht eingehalten wird – es sei denn, Sie haben eine neue Stelle. Die Arbeitslosenversicherung zahlt erst, wenn Sie gegenüber Ihrem Arbeitgeber keine Lohnansprüche mehr geltend machen können.*

Ab wann gilt die Kündigung?

Wirksam wird eine Kündigung erst, wenn der Empfänger davon Kenntnis hat. Massgebend ist also nicht der Poststempel. Das heisst: Die Kündigung muss spätestens am letzten Arbeitstag eines Monats bei der Gegenpartei eintreffen, damit die Kündigungsfrist am Ersten des Folgemonats beginnen kann. Trifft die Kündigung zu spät ein, verlängert sich das Arbeitsverhältnis um einen Monat. Kann ein eingeschriebener Brief nicht zugestellt werden, gilt er als beim Empfänger eingetroffen, sobald er vom Postamt abgeholt wird oder vom Empfänger hätte abgeholt werden können.

Häufig wird eine Kündigung zunächst im persönlichen Gespräch mitgeteilt, und der eingeschriebene Brief folgt als Bestätigung. In diesem Fall ist die Kündigung bereits mündlich gültig erfolgt. Wer den Brief dann nicht abholt, kann also die Kündigung weder verhindern noch verzögern.

Der Zeitpunkt des Empfangs der Kündigung ist auch massgebend, wenn es um die Frage geht, welche Kündigungsfrist anwendbar ist.

HANS H. HAT SEINE STELLE am 1. Juli 2015 angetreten. Ein Jahr später, am 29. Juni 2016, erhält er die Kündigung auf Ende Juli. Hans H. ist damit nicht einverstanden und verlangt den Lohn bis Ende August. Er argumentiert, die Kündigungsfrist falle in sein zweites Dienstjahr und betrage somit zwei Monate.

Die Kündigung ist jedoch korrekt. Massgebend in diesem Zusammenhang ist einzig und allein der Erhalt des Kündigungsschreibens, nicht aber der Beginn der Kündigungsfrist. Herr H. erhält die Kündigung am 29. Juni, also noch im ersten Dienstjahr. Deshalb beträgt die Kündigungsfrist einen Monat.

Fragen Sie nach dem Kündigungsgrund

Obwohl grundsätzlich auch ohne triftigen Grund gekündigt werden kann, haben Sie das Recht, eine schriftliche Begründung der Kündigung zu verlangen (Art. 335 OR; Musterbrief im Anhang). In kritischen Fällen empfiehlt es sich, dies zu tun. Denn falls Sie arbeitslos werden sollten, muss der Arbeitgeber den Kündigungsgrund gegenüber der Versicherung angeben. Geprüft wird dann, ob Sie mit Ihrem Verhalten die Kündigung möglicherweise verschuldet haben. Und dann riskieren Sie Taggeldkürzungen (siehe Seite 166). Deshalb lohnt es sich, rechtzeitig Bescheid zu wissen, damit Sie reagieren können.

TIPP *Sind Sie mit der Kündigungsbegründung Ihres Arbeitgebers nicht einverstanden? Dann protestieren Sie schriftlich und legen Sie Ihre Sicht der Dinge dar. Diesen Protest können Sie wenn nötig später der Arbeitslosenversicherung vorlegen. Die Kündigung allerdings ist auch gültig, wenn die Begründung verweigert wird oder falsch ist. Allenfalls wäre dann zu prüfen, ob die Kündigung missbräuchlich ist (siehe Seite 43).*

Kündigung im gegenseitigen Einvernehmen

Sind beide Seiten einverstanden, kann ein Arbeitsverhältnis auf einen beliebigen Zeitpunkt hin aufgelöst werden – auch ohne Einhaltung der Kündigungsfristen. Als Arbeitnehmer sollten Sie sich jedoch gut überlegen, ob Sie zu einer solchen Lösung Hand bieten wollen. Auf jeden Fall sollten die Einzelheiten einer Auflösungsvereinbarung schriftlich festgehalten werden.

Vorzeitige Auflösung – aufgepasst!

Prüfen Sie die Auflösungsvereinbarung genau und holen Sie im Zweifelsfall juristischen Rat ein, bevor Sie unterschreiben. Und so schützen Sie sich vor bösen Überraschungen:

- Stimmen Sie keiner Verkürzung der Kündigungsfrist zu – es sei denn, Sie haben eine neue Stelle.
- Stimmen Sie keiner Vertragsauflösung zu, falls Sie arbeitsunfähig oder schwanger sind und einen Kündigungsschutz geniessen (siehe Seite 38).

- Wenn Sie einen Kompromiss aushandeln, sollten Sie darauf achten, dass nicht nur Sie Zugeständnisse machen. Mögliche Verhandlungspunkte zu Ihren Gunsten können sein: vorteilhafte Frühpensionierung, Verlängerung der Kündigungsfrist, Abfindung, Outplacement (professionelle Hilfe bei der Stellensuche).
- Unterschreiben Sie keine Klausel «per Saldo aller Ansprüche», wenn Sie nicht wirklich sicher sind, dass alles seine Richtigkeit hat.
- Beharren Sie auf einem fairen, wahrheitsgetreuen Arbeitszeugnis. Lassen Sie dieses zur Sicherheit von Fachleuten kontrollieren (als Abonnentin oder Abonnent des Beobachters zum Beispiel von den Experten im Beratungszentrum).

Unter Umständen stellt Sie die Arbeitgeberin schon während der Kündigungsfrist von der Arbeit frei. Das ist nicht dasselbe wie eine fristlose Entlassung: Sie erhalten bis zum Ende der Kündigungsfrist Ihren Lohn, müssen aber nicht mehr zur Arbeit erscheinen (siehe Seite 57).

INFO *Haben Sie voreilig eine Vereinbarung unterschrieben, die sich für Sie als nachteilig erweist? Unter Umständen ist noch nicht alles verloren. Angestellte haben von Gesetzes wegen gewisse zwingende Ansprüche, auf die sie während des Arbeitsverhältnisses sowie einen Monat danach nicht gültig verzichten können – zum Beispiel Ferienansprüche (Art. 341 OR). Mehr dazu lesen Sie auf Seite 69.*

Betroffen von einer Massenentlassung?

«Wirtschaftskrise zwingt zum Personalabbau», «Tausende von Stellen durch starken Franken gefährdet» – in den letzten Jahren dominierten bedrohliche Schlagzeilen die Wirtschaftsnachrichten. Befürchten auch Sie, dass in Ihrer Firma ganze Abteilungen geschlossen werden oder dass einer grösseren Anzahl von Mitarbeitern gekündigt wird? Dann muss Ihr Arbeitgeber spezielle Regeln beachten.

Als Massenentlassungen gelten laut Artikel 335d OR Kündigungen, die der Arbeitgeber aus Gründen ausspricht, die in keinem Zusammenhang stehen mit der Person des betroffenen Arbeitnehmers – etwa

---

WIE VIELE KÜNDIGUNGEN BEDEUTEN EINE MASSENENTLASSUNG?

- Mindestens 10 Arbeitnehmer in Betrieben, die in der Regel mehr als 20 und weniger als 100 Personen beschäftigen
- Mindestens 10 Prozent der Arbeitnehmer in Betrieben, die 100 bis 300 Personen beschäftigen
- Mindestens 30 Arbeitnehmer in Betrieben, die in der Regel 300 und mehr Personen beschäftigen

Achtung: Unternehmen, die weniger als 21 Arbeitnehmer beschäftigen, unterstehen den Regeln zu Massenentlassungen nicht. Gehören mehrere Betriebe zum selben Unternehmen, bestimmt sich für jeden Betrieb gesondert, ob eine Massenentlassung vorliegt.

---

mit der Leistung oder dem Verhalten. Zudem spricht man von Massenentlassung, wenn innerhalb von 30 Tagen einer Mindestanzahl von Mitarbeitern desselben Betriebs gekündigt wird (siehe Kasten auf der vorangehenden Seite).

Solch drastischer Personalabbau ist nur zulässig, wenn der Arbeitgeber vorher seine Angestellten oder eine Arbeitnehmervertretung konsultiert und die geplante Massenentlassung dem kantonalen Arbeitsamt schriftlich anzeigt.

Die Konsultation der Angestellten

Die Konsultation muss stattfinden, bevor der Entscheid über die Massenentlassung definitiv ist. Dabei handelt es sich aber nur um ein Anhörungs-, nicht etwa um ein Mitbestimmungsrecht der Angestellten. Der Arbeitgeber kann anschliessend frei entscheiden, ob er die Entlassungen vornehmen will oder nicht.

Vorschläge unterbreiten

Anhörung heisst, dass die Mitarbeitenden Vorschläge unterbreiten dürfen, wie die Entlassungen verhindert oder die Folgen gemildert werden könnten – zum Beispiel durch Umorganisation, Aufteilung von Vollzeit- in Teilzeitstellen oder einen Sozialplan. Damit die Angestellten sinnvolle Vorschläge machen können, muss sie der Arbeitgeber schriftlich über alles Wesentliche informieren, vor allem über die Gründe der Entlassungen, die Zahl der betroffenen Mitarbeiter, die zeitliche Staffelung der Kündigungen. Eine Kopie dieser Information geht ans kantonale Arbeitsamt.

Führt ein Arbeitgeber eine Massenentlassung durch, ohne die Arbeitnehmenden konsultiert zu haben, sind die Kündigungen missbräuchlich (Art. 336 OR). Ein Missbrauch liegt gemäss Bundesgericht auch dann vor, wenn der Arbeitgeber der Arbeitnehmerschaft Informationen vorenthält, die sie zur Erarbeitung sinnvoller Lösungsvorschläge braucht (Urteil 4A_173/2011 vom 31.5.2011).

Die betroffenen Angestellten können eine Entschädigung in der Höhe von maximal zwei Monatslöhnen geltend machen (siehe Seite 46). Dies gilt auch bei einer zu kurzfristig angesetzten und bei einer reinen Pro-forma-Konsultation, wenn längst alles entschieden ist. Das Verfahren der Konsultation muss auf jeden Fall beendet sein, bevor die Kündigungen ausgesprochen werden (BGE 130 III 102).

Die Rolle des Arbeitsamts

Der Arbeitgeber muss das kantonale Arbeitsamt nicht nur über die Einzelheiten der geplanten Massenentlassung, sondern auch über das Ergebnis der Konsultation schriftlich informieren. Die Angestellten haben das Recht auf eine Kopie dieser Anzeige und können dem Arbeitsamt Kommentare oder Vorschläge aus ihrer Sicht einreichen. Das Arbeitsamt sucht nach Lösungen für die Probleme, die durch die Entlassungen entstehen, und wird versuchen, zwischen den Parteien zu vermitteln.

Gut zu wissen: Arbeitsverhältnisse, die im Rahmen einer Massenentlassung aufgelöst werden, enden frühestens 30 Tage nach der Anzeige an das kantonale Arbeitsamt. Der Zeitpunkt dieser Anzeige kann also zu einer Verlängerung der Kündigungsfrist führen bzw. die Beendigung des Arbeitsvertrags hinausschieben (BGE 132 III 406).

TIPP *Sind Sie der Meinung, die Massenentlassung in Ihrem Betrieb sei nicht korrekt abgelaufen? Oder will der Arbeitgeber nicht wahrhaben, dass die Kündigungen des letzten Monats gesamthaft als Massenentlassung angesehen werden müssen? Wenden Sie sich ans kantonale Arbeitsamt oder an eine Beratungsstelle (Adressen im Anhang).*

Kündigung «zur Unzeit»

Zwar können Arbeitsverträge praktisch jederzeit aufgelöst werden, doch es gibt Ausnahmen: In Situationen, in denen es für Arbeitnehmende schwierig ist, eine Stelle zu suchen oder zu finden, besteht ein zeitlich begrenzter Kündigungsschutz.

Um Arbeitnehmerinnen und Arbeitnehmer zu schützen, sieht das Gesetz bei Arbeitsunfähigkeit, Schwangerschaft und Militärdienst Sperrfristen vor, während derer der Arbeitgeber nicht kündigen darf.

Die gesetzlichen Sperrfristen

Die Sperrfristen sind in Artikel 336c OR festgehalten (siehe Kasten). Dabei sind zwei Situationen zu unterscheiden:

- Eine Kündigung, die **während der Sperrfrist** ausgesprochen wurde – Juristen nennen dies «zur Unzeit» –, ist ungültig. Sie hat keine Wirkung. Die Arbeitgeberin muss nach Ablauf der Sperrfrist oder nach der Genesung eines erkrankten Mitarbeiters erneut kündigen. Ist die Sperrfrist abgelaufen, kann die Arbeitgeberin aber kündigen, auch wenn der Mitarbeiter weiter arbeitsunfähig ist. Dauert die Arbeitsunfähigkeit weniger lang als die Sperrfrist, endet auch der Kündigungsschutz entsprechend früher.
- Wurde die Kündigung **vor Beginn der Sperrfrist** ausgesprochen und reicht das Ende der Kündigungsfrist in die Sperrfrist hinein, ist der blaue Brief gültig. Aber: Die Kündigungsfrist wird während der Dauer der Sperrfrist unterbrochen und erst anschliessend wieder fortgesetzt. Danach endet sie am nächstmöglichen Endtermin, in der Regel an einem Monatsende.

REGULA E. ERHÄLT AM 28. MAI die Kündigung mit zweimonatiger Kündigungsfrist auf Ende Juli. Im Juni ist sie eine Woche krank. Während dieser Zeit steht die Kündigungsfrist still und verlängert sich deshalb bis zum 7. August. Damit endet das Arbeitsverhältnis am nächstfolgenden Monatsende, am 31. August.

Schutz bei Krankheit und Unfall

Der Kündigungsschutz bei Krankheit und Unfall gilt sowohl bei ganzer wie auch bei teilweiser Arbeitsunfähigkeit. Ist eine Arbeitnehmerin wegen Krankheiten oder Unfällen, die untereinander in keinem Zusammenhang stehen, mehrmals arbeitsunfähig, löst jede neue Krankheit und jeder neue Unfall eine neue Sperrfrist aus, während der

---

KÜNDIGUNGSSCHUTZ: ARTIKEL 336C OR

«Nach Ablauf der Probezeit darf der Arbeitgeber das Arbeitsverhältnis nicht kündigen:

a. während die andere Partei schweizerischen obligatorischen Militär- oder Schutzdienst oder schweizerischen Zivildienst leistet, sowie, sofern die Dienstleistung mehr als elf Tage dauert, während vier Wochen vorher und nachher;
b. während der Arbeitnehmer ohne eigenes Verschulden durch Krankheit oder durch Unfall ganz oder teilweise an der Arbeitsleistung verhindert ist, und zwar im ersten Dienstjahr während 30 Tagen, ab zweitem bis und mit fünftem Dienstjahr während 90 Tagen und ab sechstem Dienstjahr während 180 Tagen;
c. während der Schwangerschaft und in den 16 Wochen nach der Niederkunft einer Arbeitnehmerin;
d. während der Arbeitnehmer mit Zustimmung des Arbeitgebers an einer von der zuständigen Bundesbehörde angeordneten Dienstleistung für eine Hilfsaktion im Ausland teilnimmt.»

---

der Arbeitgeber nicht kündigen kann (BGE 120 II 124). Erstreckt sich die Arbeitsunfähigkeit von einem Dienstjahr ins nächste und gilt für das neue Dienstjahr eine längere Sperrfrist, kommt diese längere Sperrfrist zur Anwendung (BGE 133 III 517).

FRIEDA S. HAT IHRE STELLE am 1. Oktober 2015 angetreten. Am 12. September 2016 erkrankt sie schwer und fällt mehrere Monate aus. Da ihre Krankheit ins zweite Dienstjahr hineinreicht, beträgt ihre Sperrfrist 90 Tage, berechnet ab dem ersten Krankheitstag.

Schutz für Schwangere und Mütter

Die Sperrfristen bei Schwangerschaft und Mutterschaft funktionieren analog. Sind Sie schwanger, darf man Ihnen bis 16 Wochen nach der Geburt nicht kündigen – und Sie können auch nicht gezwungen werden, selbst zu kündigen. Werden Sie erst im Lauf der Kündigungsfrist schwanger, verlängert sich das Arbeitsverhältnis dank der Sperrfrist um mehr als ein Jahr. Dies gilt selbst dann, wenn der Arbeitgeber Sie aus irgendwelchen Gründen gar nicht mehr beschäftigen kann oder der Betrieb geschlossen wird. Sie haben dann einfach Anspruch auf die entsprechenden Lohnzahlungen, sind aber verpflichtet, wenn möglich eine zumutbare Ersatzarbeit anzunehmen (Art. 324 OR).

Schutz bei Militärdienst

Vor Entlassungen geschützt sind auch Militärdienstleistende (sowie Zivilschutz- und Zivildienstleistende). Dauert der Dienst länger als elf Tage, darf man ihnen bereits vier Wochen vor sowie bis vier Wochen nach dem Dienst nicht kündigen.

MARCO F. MUSS AM 5. JUNI für drei Wochen in den WK einrücken. Da sein Dienst länger als elf Tage dauert, beginnt die Sperrfrist am 8. Mai und dauert bis zum 25. Juli. Am 28. April erhält Herr F. die Kündigung mit zweimonatiger Frist per Ende Juni. Die Kündigung ist gültig. Doch das Arbeitsverhältnis wird massiv verlängert: Die Kündigungsfrist beginnt am 1. Mai zu laufen, wird am 8. Mai unterbrochen und steht bis zum 25. Juli still. Danach läuft die restliche Kündigungsfrist (dreieinhalb Wochen für Mai, einen ganzen Monat für Juni). Das Arbeitsverhältnis von Marco F. endet somit Ende September (nächstmögliches Monatsende).

ACHTUNG *Der Kündigungsschutz gilt erst nach Ablauf der Probezeit und nur bei Kündigungen, die der Arbeitgeber ausspricht. Wenn Sie selbst kündigen, gibt es keine Sperrfristen. Diese gelten auch dann nicht, wenn es sich um ein von vornherein befristetes Arbeitsverhältnis handelt. Und bei fristlosen Entlassungen aus wichtigen Gründen spielen Sperrfristen ebenfalls keine Rolle.*

Was gilt als Kündigungsfrist?

Nicht immer werden Kündigungen Ende Monat ausgesprochen. Gelegentlich will eine Arbeitgeberin ihrem Angestellten entgegenkommen und kündigt mit einer längeren als der vertraglichen Frist. Dann stellt sich die Frage, was rechtlich als Kündigungsfrist gilt.

NICOLAS W. HAT GEMÄSS VERTRAG eine dreimonatige Kündigungsfrist. Wegen Umstrukturierungen wird seine Stelle aufgehoben. Die Arbeitgeberin möchte dem langjährigen, verdienten Mitarbeiter genügend Zeit zur Stellensuche einräumen und kündigt ihm im Januar auf Ende Juli. Im März hat Herr W. einen Unfall und ist drei Wochen lang arbeitsunfähig. Er beruft sich auf den Kündigungsschutz bei Arbeitsunfähigkeit und macht geltend, das Arbeitsverhältnis laufe nun bis Ende August.

Doch Nicolas W. liegt falsch. Die Kündigungsfrist wird immer ab Datum der Beendigung des Arbeitsverhältnisses zurückgerechnet (BGE 134 III 354). In seinem Fall dauert die Kündigungsfrist also von Mai bis Juli. Der Unfall im März hat deshalb keine Verlängerung zur Folge.

Zur Unzeit gekündigt: Werden Sie aktiv

Prüfen Sie bei der Kündigung, ob möglicherweise eine Sperrfrist verletzt wurde. Wenn ja, sollten Sie mit eingeschriebenem Brief beim Arbeitgeber protestieren (Muster im Anhang). Bestehen Sie auf der Einhaltung des gesetzlichen Kündigungsschutzes. Bieten Sie Ihre Arbeitskraft ausdrücklich an, sobald Sie wieder arbeiten können. Lenkt der Arbeitgeber nicht ein, können Sie beim Gericht Klage einreichen (siehe Seite 73).

Kein Verzicht auf den Kündigungsschutz

Nicht allen Angestellten sind diese Schutzbestimmungen bekannt. Es kommt daher immer wieder vor, dass jemand erst nach Beendigung des Arbeitsverhältnisses von der Arbeitslosenversicherung darauf aufmerksam gemacht wird, dass sein Arbeitsverhältnis eigentlich noch andauern würde. Immerhin wird Nichtwissen in solchen Fällen nicht bestraft. Gemäss Bundesgericht muss die Arbeitslosenversicherung zahlen, obwohl noch Ansprüche gegenüber dem Arbeitgeber bestanden hätten. Ist die (verlängerte) Kündigungsfrist noch nicht abgelaufen, kann die Arbeitslosenversicherung aber verlangen, dass Sie sich nochmals beim Arbeitgeber melden und Ihre Arbeitskraft für die restliche Zeit anbieten.

Wer allerdings freiwillig und wissentlich auf den Kündigungsschutz verzichtet, muss mit Sanktionen rechnen (siehe Seite 166).

Die missbräuchliche Kündigung

Haben Sie die Auszahlung Ihrer Überstunden gefordert und darauf die Kündigung erhalten? Oder wurden Sie entlassen, weil Sie bald in die Rekrutenschule müssen?

Wenn solche unlauteren Gründe hinter einer Kündigung stecken, wenn Sie quasi dafür bestraft werden sollen, dass Sie Ihre Rechte in Anspruch genommen haben, dann ist die Kündigung missbräuchlich. Die Kündigungsgründe, die von Gesetzes wegen als missbräuchlich gelten, sind in Artikel 336 OR zusammengefasst.

Verbotene Kündigungsgründe

Wenn Ratsuchende das Beratungszentrum des Beobachters wegen einer missbräuchlichen Kündigung anrufen, geht es meist um folgende Situationen:

- Rachekündigung: Die Arbeitgeberin kündigt einem Angestellten, der sich für seine Rechte eingesetzt hat (zum Beispiel für die Einhaltung des Arbeitsvertrags) oder auf Missstände im Betrieb aufmerksam gemacht hat. Das ist die häufigste Form der missbräuchlichen Kündigung.
- Politisch oder ähnlich motivierte Kündigung: Missbräuchlich sind Kündigungen, die ausgesprochen werden, weil eine Angestellte sich in der Gewerkschaft engagiert oder einer Partei oder Organisation angehört, die dem Arbeitgeber nicht genehm ist. Werden allerdings Stunden der Arbeitszeit mit Parteiarbeit verbracht, darf der Arbeitgeber kündigen. Ebenfalls missbräuchlich sind Kündigungen, weil der Arbeitnehmer Militär- oder Zivilschutzdienst leistet oder eine

nicht freiwillig übernommene gesetzliche Pflicht erfüllt (zum Beispiel Gemeinderat bei Amtszwang). Gewählten Arbeitnehmervertretern darf der Arbeitgeber nur kündigen, wenn er einen begründeten Anlass hat.

- Kündigung wegen Hautfarbe, sexueller Neigung, Religion und anderer persönlicher Eigenschaften: Wird beispielsweise einer Muslimin gekündigt, weil sie bei der Arbeit im Büro das Kopftuch trägt, ist dies missbräuchlich. Führt die betreffende Eigenschaft des Angestellten aber zu wesentlichen Störungen im Betriebsklima, ist die Kündigung gestattet.

INFO *Artikel 336 OR – wie auch alle anderen in diesem Ratgeber erwähnten Gesetzesartikel – finden Sie im Internet unter www.admin.ch (→ Bundesrecht → Systematische Rechtssammlung). Geben Sie die Artikelnummer ein: OR 336.*

Erhöhte Fürsorgepflicht gegenüber langjährigen älteren Arbeitnehmern

Die Liste der missbräuchlichen Kündigungsgründe im Gesetz ist nicht abschliessend. Laut Bundesgericht kann eine grundsätzlich rechtmässige Kündigung missbräuchlich sein, wenn sie auf besonders rücksichtslose Art ausgesprochen wird. So hat das Gericht in neueren Entscheiden wiederholt festgehalten, dass Arbeitgeber gegenüber älteren, langjährigen Angestellten eine besondere Fürsorgepflicht haben. Eine Kündigung relativ kurz vor der Pensionierung kann deshalb missbräuchlich sein.

EINEM MANN WURDE OHNE VORGESPRÄCH nach 44 Dienstjahren kurz vor der Pensionierung wegen Konflikten mit einer höhergestellten Person gekündigt. Laut Bundesgericht war dies missbräuchlich. Der Mann erhielt eine Entschädigung von sechs Monatslöhnen. Grund: Der Arbeitgeber hatte nicht das Geringste unternommen, um die Situation zu entschärfen oder nach einer sozial verträglicheren Lösung für den langjährigen Mitarbeiter zu suchen. Damit hatte er seine (in diesem Fall erhöhte) Fürsorgepflicht verletzt (BGE 132 III 115).

Missbräuchlich war auch die Kündigung eines 64-jährigen Angestellten nach über zwölf Dienstjahren. Der Mann war zwar nicht mehr so motiviert wie jüngere Kollegen, erbrachte aber immer noch eine befriedigende Leistung. Die Kündigung so kurz vor der Pensionierung war daher nicht akzeptabel, so das Bundesgericht.

Und im Fall eines 59-jährigen Angestellten, der mit Unterbrüchen insgesamt 35 Jahre im selben Unternehmen tätig gewesen war, hielt das oberste Gericht fest, dass bei einem älteren Arbeitnehmer der Art und Weise der Kündigung besondere Beachtung zu schenken sei: «Er hat namentlich Anspruch darauf, rechtzeitig über die beabsichtigte Kündigung informiert und angehört zu werden, und der Arbeitgeber ist verpflichtet, nach Lösungen zu suchen, welche eine Aufrechterhaltung des Arbeitsverhältnisses ermöglichen.» Obwohl die Leistungen des Angestellten nicht mehr in allen Punkten genügten, war auch diese Kündigung missbräuchlich. Denn laut Bundesgericht hätte der Arbeitgeber, bevor er dem treuen Mitarbeiter kündigte, ein Gespräch mit ihm führen, ihn «nachdrücklich auf die Folgen seiner Unterlassungen hinweisen und ihm mit Fristansetzung und Zielvereinbarung eine letzte Chance geben» müssen. Als brutal und beleidigend erachtete das Bundesgericht auch folgende Entlassung.

EIN ARBEITNEHMER MUSSTE unmittelbar nach Erhalt der Kündigung den Arbeitsplatz räumen. Ein Vorarbeiter begleitete ihn aus der Firma. Man liess dem Angestellten keine Zeit, sich von seinen Kollegen zu verabschieden, was zu Gerüchten führte. Erst viel später teilte die Firmenleitung mit, dass die Kündigung aus wirtschaftlichen Gründen ausgesprochen worden sei. Das Gericht kam zum Schluss, dass es überhaupt keinen Grund gegeben habe, weshalb der unbescholtene Angestellte nach immerhin 13 Jahren in der Firma seinen Arbeitsplatz Knall auf Fall habe verlassen müssen, noch dazu in Begleitung eines Vorgesetzten. Dem Arbeiter wurden 2000 Franken als Genugtuung zugesprochen (Urteil 4C.259/2004 vom 11.11.2004).

So wehren Sie sich gegen eine missbräuchliche Kündigung

Eine missbräuchliche Kündigung ist nicht ungültig. Das Arbeitsverhältnis endet nach Ablauf der Kündigungsfrist. Betroffene können jedoch eine Entschädigung einklagen. Dabei kommt es auf einige wichtige Punkte an:

- Sie müssen die Missbräuchlichkeit der Kündigung beweisen können. Deshalb ist es wichtig, dass Sie Auseinandersetzungen mit der Arbeitgeberin schriftlich führen.
- Sind Sie überzeugt, dass Ihnen missbräuchlich gekündigt wurde, müssen Sie unbedingt vor Ablauf der Kündigungsfrist schriftlich Einsprache erheben – und zwar mit einem eingeschriebenen Brief (Muster im Anhang).
- Kommt keine Einigung zustande, müssen Sie innert 180 Tagen nach Beendigung des Arbeitsverhältnisses beim Gericht Klage gegen die Arbeitgeberin einreichen.

Das Gericht kann Ihnen eine Entschädigung in der Höhe von bis zu sechs Monatslöhnen zusprechen. Die Höhe hängt von den Umständen ab: Anlass der Kündigung, Art und Dauer des Arbeitsverhältnisses, Ausmass der Persönlichkeitsverletzung. Bei einer Massenentlassung ohne Konsultation der Angestellten beträgt die Entschädigung maximal zwei Monatslöhne. In Fällen schwerer Persönlichkeitsverletzung kann zusätzlich zur Entschädigung eine Genugtuung zugesprochen werden.

Die Entschädigung bei missbräuchlicher Kündigung ist im Übrigen kein AHV-pflichtiger Lohn. Es werden also keine Sozialversicherungsbeiträge abgezogen.

TIPP *Eine missbräuchliche Kündigung zu beweisen, ist in der Realität sehr schwierig. Holen Sie vorher rechtlichen Rat ein. Achten Sie unbedingt auf die Einhaltung der genannten Fristen für die Einsprache und die Einreichung einer Klage. Haben Sie eine Frist verpasst, ist nichts mehr zu machen.*

Diskriminierende Kündigung

Das Gleichstellungsgesetz (GIG) verbietet diskriminierende Kündigungen, die aufgrund des Geschlechts ausgesprochen werden, namentlich unter Berufung auf den Zivilstand, auf die familiäre Situation oder, bei Arbeitnehmerinnen, auf eine Schwangerschaft (Art. 9 GIG). Werden im Rahmen einer betrieblichen Umorganisation nur «Doppelverdienerinnen» entlassen oder erhält eine junge Frau die Kündigung mit der Begründung, sie sei ja jetzt verheiratet und werde ohnehin bald Kinder bekommen, dann sind diese Kündigungen diskriminierend.

Die betroffenen Arbeitnehmerinnen können sich auf die gleiche Weise zur Wehr setzen wie bei einer missbräuchlichen Kündigung: schriftliche Einsprache noch während der Kündigungsfrist und Klage auf Entschädigung innert 180 Tagen nach Beendigung des Arbeitsverhältnisses. Die Entschädigung beträgt ebenfalls maximal sechs Monatslöhne.

Weniger hohe Anforderungen

Bei der diskriminierenden Kündigung gibt es eine Beweislasterleichterung für die Betroffenen: Anders als bei der missbräuchlichen Kündigung muss man die Diskriminierung nur glaubhaft machen, nicht aber beweisen (Art. 6 GIG).

Schutz vor Rachekündigungen

Das Gleichstellungsgesetz bringt zudem einen zusätzlichen Schutz vor Rachekündigungen: Kündigungen sind anfechtbar, wenn sie ohne begründeten Anlass erfolgen, nachdem sich ein Arbeitnehmer, eine Arbeitnehmerin über eine Diskriminierung im Betrieb beschwert oder rechtliche Schritte dagegen unternommen hat. Betroffene Angestellte sind während des innerbetrieblichen Beschwerdeverfahrens, während eines Schlichtungs- oder Gerichtsverfahrens sowie sechs Monate darüber hinaus gegen Kündigungen geschützt.

Kündigt der Arbeitgeber trotzdem, müssen die Betroffenen noch während der Kündigungsfrist gerichtliche Klage einreichen oder an die kantonale Schlichtungsstelle gegen Diskriminierungen im Erwerbsleben gelangen. Danach ist der Anspruch auf eine Anfechtung verwirkt!

Unter Umständen: Recht auf Weiterbeschäftigung

Kommt das Gericht nach einer ersten Prüfung des Sachverhalts zum Schluss, dass es sich um eine Rachekündigung handelt und kein anderer Anlass vorliegt, kann es die provisorische Wiederanstellung der betroffenen Arbeitnehmerin für die Dauer des Verfahrens anordnen. Wird die Klage gutgeheissen, hebt das Gericht die Kündigung auf, der Arbeitgeber muss das Arbeitsverhältnis fortsetzen. Das ist einzigartig im schweizerischen Arbeitsvertragsrecht; ein Recht auf Weiterbeschäftigung gibt es in keinem anderen Fall.

Weist das Gericht die Klage ab, wird der Arbeitsvertrag mit dem rechtskräftigen Urteil beendet.

Ist bereits zu viel Geschirr zerschlagen, kann die Arbeitnehmerin während des Verfahrens auf die Weiterführung des Arbeitsverhältnisses verzichten und stattdessen eine Entschädigung in Höhe von maximal sechs Monatslöhnen fordern.

TIPP *Die kantonalen Schlichtungsstellen bei Diskriminierung im Erwerbsleben (Link im Anhang) beraten Sie in solchen Fällen und versuchen, eine Einigung herbeizuführen. Das Schlichtungsverfahren ist kostenlos. Für die Anrufung der Schlichtungsstelle gelten die gleichen Fristen wie für die gerichtliche Klage. Bringt das Verfahren keinen Erfolg, müssen Sie innert dreier Monate Klage beim zuständigen Gericht einreichen.*

Fristlos entlassen!

Wann darf eine Arbeitgeberin einen Angestellten fristlos vor die Tür setzen? Gemäss Gesetz braucht es dafür einen wichtigen Grund, «bei dessen Vorhandensein dem Kündigenden nach Treu und Glauben die Fortsetzung des Arbeitsverhältnisses nicht mehr zugemutet werden darf» (Art. 337 OR).

Eine fristlose Kündigung ist also nur in Ausnahmesituationen zulässig, wenn das Vertrauensverhältnis zwischen den Parteien so schwer gestört ist, dass die sofortige Auflösung des Arbeitsverhältnisses als einziger Ausweg erscheint (BGE 116 II 42). Bei weniger schweren Verfehlungen muss zuerst eine Verwarnung ausgesprochen werden. Auch für die fristlose Kündigung gilt: Sie ist auf Wunsch der Gegenpartei schriftlich zu begründen. Im Streitfall ist es Sache des Kündigenden, den wichtigen Grund zu beweisen.

INFO *Wenn Sie zwar den Arbeitsplatz sofort räumen müssen, aber weiterhin den Lohn erhalten, sind Sie nicht fristlos entlassen. Dann handelt es sich um eine Freistellung während der Kündigungsfrist (mehr dazu auf Seite 57).*

Eine fristlose Kündigung kann jederzeit ausgesprochen werden, also auch während der Sperrfristen bei Krankheit oder Schwangerschaft, während der Probezeit oder im bereits gekündigten Arbeitsverhältnis. Im Streitfall muss der Richter entscheiden, ob eine fristlose Kündigung gerechtfertigt ist oder nicht.

INFO *Fristlos kündigen kann auch der Arbeitnehmer, wenn das Weiterarbeiten unzumutbar ist – etwa bei Zahlungsunfähigkeit des Arbeitgebers oder massiver sexueller Belästigung.*

Zulässige Gründe für eine fristlose Kündigung

Bei fristlosen Entlassungen durch den Arbeitgeber haben die Gerichte bisher folgende Tatbestände als wichtige Gründe anerkannt:

- Vergehen oder Verbrechen während der Dauer der Anstellung (zum Beispiel Diebstahl, Betrug, Veruntreuung, Fälschen von Spesenabrechnungen oder Arztzeugnissen)
- Wiederholte und beharrliche Verweigerung der zugewiesenen Arbeit trotz Verwarnung. Einmaliges Blaumachen oder Zuspätkommen genügt nicht.
- Illoyales Verhalten gegenüber dem Arbeitgeber (Verrat von Geschäftsgeheimnissen, Konkurrenzierung, Schwarzarbeit, Annahme von Schmiergeldern)

- Falsche Angaben bei der Stellensuche, soweit sie Fähigkeiten, Ausbildungen, Examen und andere Dinge betreffen, die im Zusammenhang mit dem Arbeitsplatz wesentlich sind

Schlechte Leistung reicht nicht aus

Unverschuldete Arbeitsunfähigkeit des Arbeitnehmers – etwa wegen Krankheit, Unfall, Militärdienst – darf nie Grund für eine fristlose Entlassung sein. Auch mangelnde Einsatzbereitschaft oder schlechte Leistungen sind normalerweise kein ausreichender Anlass für eine sofortige Vertragsauflösung. Grundsätzlich gilt: Je länger das Arbeitsverhältnis (klaglos) gedauert hat, desto gravierender muss der Verstoss des Arbeitnehmers sein, um eine fristlose Entlassung zu rechtfertigen. Und: Je gehobener und verantwortungsvoller die Position einer Arbeitnehmerin, desto eher ist ein wichtiger Grund für eine fristlose Entlassung gegeben.

Fristlos gefeuert – was nun?

Sind Sie zu Unrecht fristlos entlassen worden? Dann sollten Sie sich umgehend zur Wehr setzen:

- Protestieren Sie sofort mit eingeschriebenem Brief gegen die Entlassung (Muster im Anhang). Lenkt Ihr Arbeitgeber nicht ein, müssen Sie Klage beim Gericht einreichen (siehe Seite 73).
- Zeigt sich, dass die Entlassung nicht gerechtfertigt war, haben Sie Anspruch auf den Lohn während der Kündigungsfrist. Diesen Anspruch kann die Richterin jedoch kürzen, wenn Sie an der fristlosen Entlassung eine Mitschuld tragen. Rechtlich handelt es sich bei diesen Zahlungen nicht um Lohn, sondern um Schadenersatz (Art. 337c OR).
- Zusätzlich kann Ihnen die Richterin eine Entschädigung zusprechen, nach freiem Ermessen, unter Würdigung aller Umstände

(Dauer des Arbeitsverhältnisses, Vorgeschichte der Entlassung, Auswirkung der Kündigung). Die Obergrenze liegt bei maximal sechs Monatslöhnen.

INFO *Auch wenn Sie zu Unrecht entlassen wurden, sind Sie aus Sicht der Arbeitslosenversicherung verpflichtet, sofort eine neue Stelle zu suchen.*

Stempeln nach fristloser Entlassung?

Melden Sie sich nach der Entlassung umgehend arbeitslos (siehe Seite 61). Wenn keine Indizien für ein Verschulden Ihrerseits vorliegen, muss die Arbeitslosenkasse sofort mit der Taggeldzahlung beginnen. Gewinnen Sie den Prozess gegen Ihren Arbeitgeber, geht Ihr Lohn im Umfang der bereits geleisteten Taggelder (abzüglich allfälliger Anwaltskosten) direkt an die Kasse.

Erfolgte die fristlose Entlassung zu Recht – oder haben Sie sich nicht zur Wehr gesetzt –, erhalten Sie das Taggeld erst nach einer Wartefrist (Einstelltage, siehe Seite 166).

TIPP *Die fristlose Entlassung, auch die ungerechtfertigte, beendet das Arbeitsverhältnis sofort. Damit endet auch der Versicherungsschutz (siehe Seite 78).*

3

Während der Kündigungsfrist

Besondere Regeln für die letzten Monate

Grundsätzlich läuft das Arbeitsverhältnis während der Kündigungsfrist weiter wie bisher – mit allen Rechten und Pflichten für beide Parteien. Sie müssen nicht akzeptieren, dass man Ihnen nun untergeordnete Arbeit zuweist oder den Lohn kürzt. Kann Sie der Arbeitgeber nicht mehr oder nur noch in geringerem Umfang beschäftigen, bleibt er dennoch zur vollen Lohnzahlung verpflichtet (Art. 324 OR). Dies gilt auch, wenn Sie bis zum Ende der Kündigungsfrist von der Arbeit freigestellt werden.

Sobald die Kündigung ausgesprochen ist, haben Sie Anspruch auf freie Zeit für die Stellensuche (Art. 329 OR). Etwa ein halber Tag pro Woche gilt als angemessen. Selbstverständlich müssen Sie den Zeitpunkt mit der Arbeitgeberin absprechen und die Vorstellungsgespräche wenn möglich auf Randzeiten verlegen. Sind Sie im Monatslohn angestellt, sind diese Absenzen bezahlt.

Restliche Ferien beziehen?

Ferien, die Sie schon vor der Kündigung im Betrieb angemeldet und gebucht haben, dürfen Sie während der Kündigungsfrist wie geplant beziehen. Haben Sie sonst noch offene Ferienansprüche, sollten Sie diese wenn möglich ebenfalls beziehen, denn Ferien dürfen von Gesetzes wegen nicht durch Geld abgegolten werden. Dies würde dem Erholungszweck widersprechen. Nur wenn der Ferienbezug nicht mehr möglich ist – zum Beispiel weil Sie eine Stelle suchen müssen oder weil der Arbeitgeber aus zwingenden betrieblichen Gründen nicht auf Sie verzichten kann –, dürfen die restlichen Ferientage bei Beendigung des Arbeitsverhältnisses ausnahmsweise bar ausgezahlt werden.

Per sofort freigestellt?

Leitende Angestellte, Mitarbeiterinnen mit viel Kundenkontakt oder mit Zugang zu heiklen betriebsinternen Daten werden oft von der Arbeitspflicht entbunden, sobald die Kündigung ausgesprochen wurde. Freistellung bedeutet: Der Arbeitgeber verzichtet während der Kündigungsfrist einseitig auf die Arbeitsleistung des Angestellten. Rechtlich endet das Arbeitsverhältnis aber erst nach Ablauf der Kündigungsfrist. Der Arbeitgeber schuldet Ihnen daher bis zum Schluss den Lohn, und zwar inklusive sämtlicher, normalerweise ausgezahlter Zulagen: Repräsentationsspesen, Durchschnittsprovision, Anteil 13. Monatslohn etc. Standen Ihnen gemäss Vertrag Arbeitsmittel wie Geschäftswagen oder Handy zu, die Sie auf Kosten der Firma privat nutzen durften, handelt es sich dabei um einen Lohnbestandteil, der ebenfalls bis zum Ende der Kündigungsfrist geschuldet ist. Müssen Sie das Auto vorzeitig zurückgeben, können Sie eine finanzielle Entschädigung verlangen.

Die Freistellung ist also keine fristlose Entlassung. Sie bringt Ihnen auch keine Nachteile. Im Gegenteil – Sie können sich in Ruhe der Stellensuche widmen.

Alles schriftlich regeln

Es empfiehlt sich, die Einzelheiten der Freistellung zusammen mit dem Arbeitgeber schriftlich zu regeln (Mustervereinbarung im Anhang). Auch hier gilt: Unterschreiben Sie nichts, was Sie nicht gründlich studiert und verstanden haben. Falls Sie noch gewisse Pflichten erfüllen müssen, sollten diese klar definiert werden. Sind Sie bedingungslos freigestellt, haben Sie das Recht, während der Freistellungsdauer eine andere Stelle anzutreten, sofern die neue Tätigkeit den bisherigen Arbeitgeber nicht konkurrenziert. Dieser kann aber seine Lohnzahlungen einstellen, wenn Sie am neuen Ort mindestens gleich viel verdienen. Andernfalls schuldet er Ihnen noch die Differenz zwischen dem alten und dem neuen Lohn.

Ferien, Überstundenguthaben und Freistellung

ALS SEVERIN K. von der Arbeit freigestellt wird, soll er eine zweiseitige Vereinbarung unterschreiben. Unter anderem heisst es darin, seine zwei restlichen Ferienwochen sowie die 70 Überstunden seien mit der Freistellung abgegolten. «Ich kann doch nach diesem Schock nicht einfach Ferien beziehen», empört sich Herr K. «Schliesslich muss ich eine neue Stelle suchen.»

Die Frage, ob Ferien- oder Überstundenguthaben mit der Freistellung abgegolten seien, hat die Gerichte wiederholt beschäftigt. Es gelten folgende Regeln:

- **Ferien** sind während der Freistellungszeit zu beziehen, wenn dies zumutbar und möglich ist und wenn die Freistellungsdauer das Ferienguthaben deutlich übersteigt. In einem konkreten Fall befand das Bundesgericht, dass ein freigestellter Mitarbeiter rund 7,5 Wochen Ferien während einer Freistellungszeit von knapp 14 Wochen beziehen könne. Denn auch nach Bezug der Ferien stünde ihm noch erheblich mehr Zeit für die Stellensuche zur Verfügung, als wenn er nicht freigestellt worden wäre. Der Antrag auf Auszahlung der Ferien wurde abgelehnt (Urteil 4C.215/2005 vom 20.12.2005).
- Auch zur Kompensation von **Überstunden** hat sich das Bundesgericht geäussert: Von Gesetzes wegen ist eine Kompensation von

Überstunden durch Freizeit nur möglich, wenn der Arbeitnehmer damit einverstanden ist. Sie kann ihm von der Arbeitgeberin nicht aufgezwungen werden, auch nicht während der Freistellung (BGE 123 III 84). Besteht also keine vertragliche Abmachung, wonach Überstunden durch Freizeit abgegolten werden, können Sie auf einer Auszahlung beharren. Dabei ist – andere schriftliche Abmachungen vorbehalten – ein Zuschlag von 25 Prozent geschuldet (Art. 321c OR).

Wenn Arbeitslosigkeit droht

Arbeitslosigkeit ist ein hartes Los: Existenzängste, Selbstzweifel und ein Wechselbad aus Hoffnung und Enttäuschung begleiten jeden, der sich auf dem härter gewordenen Arbeitsmarkt bewähren muss.

Und nicht zuletzt gilt es, mit den Tücken einer komplizierten Arbeitslosenversicherung zu kämpfen. Mit dem richtigen Verhalten während der Kündigungsfrist können Sie unnötige Probleme vermeiden.

Sofort eine Stelle suchen

Welche Voraussetzungen Sie für den Bezug von Arbeitslosenentschädigung erfüllen müssen, lesen Sie auf Seite 90. Vorerst müssen Sie wissen: Es wird erwartet, dass Sie sofort nach Erhalt der Kündigung mit der Stellensuche beginnen. Wenn Sie nichts oder zu wenig unternehmen, drohen Ihnen Taggeldkürzungen wegen ungenügender Arbeitsbemühungen, sogenannte Einstelltage. Wer während einer einmonatigen Kündigungsfrist keine Bewerbungen macht, muss gemäss Richtlinien des Seco mit vier bis sechs Einstelltagen rechnen, bei einer zweimonatigen Kündigungsfrist drohen acht bis zwölf Einstelltage und bei über dreimonatiger Kündigungsfrist zwölf bis achtzehn Einstelltage (zu den Einstelltagen siehe Seite 166). Verlangt wird, dass Sie sich so verhalten, als ob es keine Arbeitslosenversicherung gäbe.

Wie viele Bewerbungen sind genug?

Wie viele Stellenbewerbungen pro Monat verlangt werden, richtet sich nach den konkreten Umständen. Als Faustregel kann gelten, dass etwa zehn bis zwölf Bewerbungen pro Monat angemessen sind. Laut Bundesgericht muss allerdings eine spezialisierte Arbeitskraft weniger Bewerbungen schreiben als eine Hilfskraft. Qualifizierten Berufsleuten sei das Recht zuzubilligen, ihre persönlichen Bemühungen vorerst auf den bisherigen Berufszweig zu beschränken, sofern dieser offene Stellen anbietet, so die Richter.

EIN VERSICHERTER HATTE zwischen November 2011 und Februar 2012 insgesamt 15 persönliche Arbeitsbemühungen nachgewiesen: drei im November, acht im Januar und vier im Februar. Die Stellenbemühungen wurden insgesamt als ausreichend betrachtet. Da der Versicherte aber während mehr als einem Monat (25. November 2011 bis 4. Januar 2012) und damit während rund eines Drittels der dreimonatigen Kündigungszeit keinerlei Stellenbemühungen nachweisen konnte, wurde er zu Recht mit drei Einstelltagen gebüsst (BGE 139 V 524).

ACHTUNG *Die Pflicht zur Stellensuche gilt auch dann, wenn Sie sich während der Kündigungsfrist oder nach Beendigung des Arbeitsverhältnisses ferienhalber oder zur Weiter-*

bildung im Ausland aufhalten. Denn es wird davon ausgegangen, dass Stellenbewerbungen mit den heutigen elektronischen Kommunikationsmitteln sowie mithilfe von Personalvermittlungsagenturen weltweit jederzeit möglich sind. Eine Anwältin, die – nachdem sie ihre Stelle gekündigt hatte – einen dreimonatigen Sprachaufenthalt im Ausland absolvierte und während dieser Zeit keine Stelle suchte, wurde mit 14 Einstelltagen bestraft (Urteil des Bundesgerichts 8C_768/2014 vom 23.2.2015).

Wichtig: Bewerbungen dokumentieren
Halten Sie alle Stellenbemühungen schriftlich fest. Bei den regionalen Arbeitsvermittlungszentren (RAV) gibt es dafür standardisierte Formulare. Bewahren Sie von Ihren schriftlichen Bewerbungen – samt allfälligen Absagen – Kopien auf. Notieren Sie den Namen der Firma und des Gesprächspartners sowie den Zeitpunkt des Anrufs, wenn Sie sich telefonisch bewerben (mehr zur Stellensuche auf Seite 112).

Sich beim RAV anmelden

Spätestens am ersten Tag der Arbeitslosigkeit sollten Sie sich persönlich bei der für Sie zuständigen Stelle anmelden – je nach Kanton ist das die Wohngemeinde oder das Regionale Arbeitsvermittlungszentrum (RAV, siehe Seite 87) –, damit keine wertvollen Taggelder verloren gehen. Rückwirkend stempeln ist nicht möglich.

Am besten melden Sie sich schon kurz nach Erhalt der Kündigung beim RAV. Sie erhalten dort wichtige Informationen und können, falls nötig, einen von der Arbeitslosenversicherung finanzierten Kurs besuchen, um Ihre Fachkenntnisse aufzupolieren oder Ihre Bewerbungstechnik auf den neusten Stand zu bringen. Je früher Sie wissen, welche Weiterbildung sinnvoll und möglich ist, umso eher sitzen Sie im richtigen Kurs und können Ihre Chancen auf dem Arbeitsmarkt

UNTERLAGEN, DIE SIE BEI DER ANMELDUNG BRAUCHEN

- AHV-Ausweis
- Persönlicher Ausweis (Identitätskarte, Pass, Führerschein)
- Wohnsitzbescheinigung oder Schriftenempfangsschein der Wohngemeinde, sofern Sie sich nicht schon bei der Wohngemeinde gemeldet haben
- Für ausländische Staatsangehörige: Niederlassungsbewilligung oder Ausländerausweis

optimieren. Falls nötig, hilft Ihnen das RAV auch zu überprüfen, ob bei Ihrer Kündigung alles korrekt abgelaufen ist.

Nach der Anmeldung werden Sie zu einem Informationstag eingeladen. Später findet das Beratungs- und Kontrollgespräch statt. Auch für diesen Termin brauchen Sie verschiedene Unterlagen (siehe Kasten unten).

TIPP *Sorgen Sie dafür, dass Ihr Noch-Arbeitgeber das Formular «Bescheinigung des Arbeitgebers» ausfüllt. Ohne dieses Papier erhalten Sie später kein Arbeitslosengeld.*

UNTERLAGEN, DIE SIE BEIM BERATUNGSGESPRÄCH BRAUCHEN

- AHV-Ausweis
- Ihren Arbeitsvertrag, das Kündigungsschreiben, Bescheinigungen über Ihre Aus- und Weiterbildung
- Ihre Bewerbungsunterlagen, Nachweise für Ihre Stellenbewerbungen seit der Kündigung
- Wenn Sie sich nicht von Anfang an beim RAV angemeldet haben: Formular «Meldung bei der Wohngemeinde»
- Ausländische Staatsangehörige: Ausländerausweis

Das Arbeitszeugnis: ein wichtiges Dokument

Arbeitnehmerinnen und Arbeitnehmer können jederzeit vom Arbeitgeber ein Zeugnis verlangen, das sich über die Art und Dauer des Arbeitsverhältnisses sowie über ihre Leistungen und ihr Verhalten ausspricht (Art. 330a OR). Das gilt auch schon während des Arbeitsverhältnisses; eine Begründung für diesen Wunsch braucht es nicht.

Am besten verlangen Sie gleich, nachdem Sie die Kündigung erhalten haben, ein Zwischenzeugnis, das Sie bei der Stellensuche einsetzen können. Das Schlusszeugnis wird normalerweise am letzten Arbeitstag ausgestellt.

Auf Wunsch des Arbeitnehmers kann sich das Zeugnis auf Angaben über Art und Dauer des Arbeitsverhältnisses beschränken – ohne jede Leistungsbeurteilung. Eine solche blosse Arbeitsbestätigung macht jedoch einen schlechten Eindruck und ist höchstens bei sehr kurzen Arbeitsverhältnissen zu empfehlen.

Was sagt das Zeugnis wirklich aus?

Arbeitszeugnisse haben ihre eigene Sprache und sagen oft etwas anderes aus, als unbefangene Leser auf den ersten Blick vermuten.

«**WERNER S. HAT** die ihm übertragenen Aufgaben mit grossem Interesse angepackt und war stets bestrebt, seine Arbeiten zu unserer Zufriedenheit zu erledigen. Er war ein geselliger

Mitarbeiter, der sich regelmässig durch Anregungen und Verbesserungsvorschläge hervortat...» Tief befriedigt nimmt Werner S., Sachbearbeiter in einem Speditionsbetrieb, sein Arbeitszeugnis entgegen. Nun kann er schwarz auf weiss belegen, wie sehr er sich an seiner letzten Stelle engagiert hat.

BUCHTIPP

Ausführliche Informationen zur Interpretation und Formulierung von Arbeitszeugnissen finden Sie in diesem Beobachter-Ratgeber: **Fair qualifiziert? Mitarbeitergespräche, Arbeitszeugnisse, Referenzen.**
www.beobachter.ch/buchshop

Werner S. ahnt nicht, dass er soeben eine Qualifikation entgegengenommen hat, die vernichtender kaum sein könnte. Im Klartext bedeutet sein Zeugnis nämlich, dass er ein Schwätzer und Besserwisser war, dessen Leistungen stark zu wünschen übrig liessen. Zwar bemühte er sich und zeigte Interesse – mehr kann ihm aber beim besten Willen nicht bescheinigt werden.

Das Beispiel zeigt: Es lohnt sich, Zeugnisse kritisch unter die Lupe zu nehmen. Dabei sollten Sie den Text immer als Ganzes beurteilen. Es ist gefährlich, einzelne Formulierungen aus dem Zusammenhang zu reissen. Da Zeugnisse meist positiv formuliert werden, ist wichtig, was nicht darin steht. Negativ ist beispielsweise beredtes Schweigen über die Führungsqualitäten einer leitenden Angestellten oder über die Zuverlässigkeit und Vertrauenswürdigkeit eines Buchhalters. Fehlt die Bewertung des Verhaltens? Dann muss angenommen werden, dass es im zwischenmenschlichen Bereich Probleme gab. Negative Aspekte dürfen im Zeugnis erwähnt werden, wenn sie für das Arbeitsverhältnis wirklich wesentlich sind. Gesundheitliche Probleme gehören nur ausnahmsweise in ein Zeugnis (Urteil des Bundesgerichts 4A.187/2010 vom 6.9.2010).

Wahr und wohlwollend

Zeugnisse müssen in erster Linie wahrheitsgetreu sein. In zweiter Linie kommt der Grundsatz des Wohlwollens. Bei der Qualifikation sollte also besonderes Gewicht auf die Aspekte gelegt werden, die eine Arbeitnehmerin auszeichnen. Ein zukünftiger Arbeitgeber muss dem Zeugnis entnehmen können, wo die speziellen Fähigkeiten und Stärken einer Stellenbewerberin liegen.

TIPP *Im Anhang finden Sie eine Checkliste, die Ihnen hilft, Ihr Zeugnis zu analysieren. Abonnentinnen und Abonnenten des Beobachters haben zudem die Möglichkeit, ihr Zeugnis gegen eine Gebühr von den Fachleuten im Beobachter-Beratungszentrum beurteilen zu lassen (mehr dazu unter www.beobachter.ch/beratung → Arbeitszeugnis).*

Nicht zufrieden mit dem Zeugnis?

Dann suchen Sie als Erstes das Gespräch mit dem Verfasser. Fragen Sie, wie einzelne Formulierungen gemeint sind und warum dies oder jenes fehlt. Nicht jede ungünstige Wendung muss Absicht sein (Muster einer schriftlichen Anfrage im Anhang).

Im Notfall bleibt der Rechtsweg. Allerdings hat dies nur einen Sinn, wenn Sie belegen können, dass das Zeugnis unwahr ist. Formulieren Sie selber einen Ihnen angemessen erscheinenden Text und reichen Sie ihn dem Gericht ein. Zeugnisprozesse sind in der Regel kostenlos (siehe auch Seite 73).

Referenzauskünfte – das mündliche Zeugnis

Wenn Sie sich um eine neue Stelle bewerben, wird erwartet, dass Sie zwei bis drei Referenzen angeben, also Personen nennen, die über Sie und Ihre Arbeitsleistung Auskunft geben können. Referenzauskünfte dürfen nach Datenschutzgesetz nur mit Ihrem Einverständnis eingeholt werden. Andere als die von Ihnen genannten Personen dürfen nicht angefragt werden.

Die Referenzauskunft darf dem ausgestellten Arbeitszeugnis nicht widersprechen. Auf Wunsch muss Sie der Exarbeitgeber über den Inhalt der Auskunft informieren.

ÄUSSERT SICH EIN ARBEITGEBER zu Unrecht negativ über seinen ehemaligen Mitarbeiter, kann sich dieser wehren: In einem konkreten Fall fand eine Parfümverkäuferin keine neue Stelle, weil ihr früherer Arbeitgeber jeweils negative, irreführende Auskünfte über sie erteilte. Für den entgangenen Lohn während der Arbeitslosigkeit wurde ihr ein Schadenersatz von über 37 000 Franken zugesprochen, ausserdem eine Genugtuung wegen Persönlichkeitsverletzung in Höhe von 10 000 Franken (Urteil des Bundesgerichts 4C.379/2002 vom 22.4.2003).

Ein Arbeitgeber, der ehrverletzende Unwahrheiten über einen ehemaligen Mitarbeiter verbreitet, macht sich unter Umständen gar strafbar.

EIN FIRMENINHABER schwärzte seinen Exangestellten beim neuen Arbeitgeber an, indem er ihn als «gefährlichen» und «vorbestraften Hacker» bezeichnete. Die St. Galler Justiz verurteilte den Firmeninhaber wegen mehrfacher übler Nachrede zu einer bedingten Geldstrafe von 30 Tagessätzen à 60 Franken. Zudem wurde er verpflichtet, 1200 Franken Schadenersatz und 800 Franken Genugtuung zu leisten. Das Urteil wurde vom Bundesgericht bestätigt (Urteil 6B_647/2011 vom 29.12.2011).

TIPP *Weitere Informationen zu Referenzauskünften finden Sie auf der Webseite des Eidgenössischen Datenschutzbeauftragten: www.edoeb.admin.ch (→ Datenschutz → Arbeitsbereich).*

Der letzte Arbeitstag

Der letzte Arbeitstag ist meist ein einziger Stress: Aufräumen, Dossierübergaben, Austrittsgespräche, Apéro. Dabei geht oft vergessen, dass sich im Lauf eines mehrjährigen Arbeitsverhältnisses zahlreiche persönliche Informationen angesammelt haben, die man nicht unbedingt hinterlassen will.

Bei vertraulichen Unterlagen auf Papier ist die Sache einfach. Was Ihnen gehört, packen Sie ein und nehmen es mit. Schwieriger ist es bei elektronischen Daten – ein paar Tipps finden Sie im Kasten.

SO TILGEN SIE IHRE SPUREN

- Nehmen Sie schon vor dem letzten Arbeitstag Kontakt mit der Netzwerkadministration auf, um das Austrittsprozedere zu klären. Sie müssen die Möglichkeit erhalten, private Mails und Dokumente auf private Datenträger zu speichern.
- Leiten Sie hängige Geschäftsmails intern weiter. Löschen Sie Ihren privaten Ordner und die Mails. Ihre Mailadresse sollte gesperrt werden.
- Absender, die E-Mails an Ihre gesperrte Adresse schicken, sollten automatisch informiert werden, dass diese nicht mehr existiert und dass sie sich an eine andere Firmenadresse wenden sollen.
- Löschen Sie persönliche Voreinstellungen in den von Ihnen benutzten Programmen, etwa Benutzerkonten in Browser und Mailprogramm.
- Vergessen Sie die gespeicherten Internetseiten im Cache und die Favoriten / Bookmarks nicht.
- Durchsuchen Sie im Zweifelsfall die Festplatte nach von Ihnen verwendeten Dateiformaten.

ACHTUNG *Lassen Sie sich die Übergabe von geschäftlichen Dokumenten an den Arbeitgeber unbedingt schriftlich bestätigen.*

Die Schlussabrechnung

Mit dem Austrittsdatum werden alle Ihre Forderungen aus dem Arbeitsverhältnis fällig (Art. 339 OR). Neben dem üblichen Lohn gehören dazu: die Abgeltung restlicher Ferien, ausstehende Spesen, Überstundenguthaben etc. Zurückgeben müssen Sie die vom Arbeitgeber zur Verfügung gestellten Arbeitsgeräte wie Arbeitskleidung, Firmenfahrzeug, Geschäftshandy.

Spätestens mit der Beendigung des Arbeitsverhältnisses beginnt auch die Verjährung offener Forderungen. Diese beträgt fünf Jahre. Für nicht erfüllte Forderungen haben Sie Anspruch auf Verzugszins von fünf Prozent.

Für Provisionsforderungen aus Geschäften, die ganz oder zum Teil nach Beendigung des Arbeitsverhältnisses erfüllt werden, kann die Fälligkeit hinausgeschoben werden. Voraussetzung ist allerdings, dass Arbeitnehmer und Arbeitgeber damit einverstanden sind und die Verschiebung schriftlich festhalten.

Per Saldo aller Ansprüche?

Wer aus einer Firma austritt, wird oft aufgefordert, eine Schlussabrechnung «per Saldo aller Ansprüche» zu unterschreiben. Das heisst, dass keine weiteren Forderungen bestehen. Unterschreiben Sie eine solche Schlussabrechnung nur nach genauer Prüfung. Es wäre dumm, wenn sich später herausstellen sollte, dass Ihnen eigentlich doch noch etwas zugestanden hätte.

Doch nicht immer bedeutet die unterschriebene Per-Saldo-Klausel, dass nichts mehr zu machen ist. Laut Bundesgericht ist eine unterzeichnete Saldoerklärung für den Arbeitnehmer nur dann verbindlich, wenn er zum Zeitpunkt der Unterschrift von seinem Anspruch Kenntnis hatte oder einen solchen Anspruch zumindest für möglich hielt.

IN EINEM FALL, den das Bundesgericht zu entscheiden hatte, ging es um einen Angestellten, der erst aus Medienberichten erfuhr, dass es nicht erlaubt ist, den Ferienlohn einfach pauschal mit dem Stundenlohn abzugelten. Obwohl er eine Saldoklausel unterschrieben hatte, konnte der Angestellte den Ferienlohn noch nachträglich einfordern (Urteil 4C.219/ 2006 vom 4.1.2007).

Zwingende Ansprüche

Ausserdem können Arbeitnehmende während der Dauer des Arbeitsverhältnisses und bis einen Monat nach dessen Beendigung nicht gültig auf Forderungen verzichten, die sich aus «unabdingbaren Vorschriften des Gesetzes oder aus unabdingbaren Bestimmungen eines Gesamtarbeitsvertrages» ergeben (Art. 341 OR). Was «unabdingbare Vorschriften des Gesetzes» sind, ergibt sich einerseits aus dem Wortlaut der Gesetzesartikel selbst, andererseits aus einer Liste zwingender Bestimmungen, die im Obligationenrecht zu finden ist (Art. 361 und 362 OR). Welche Bestimmungen eines Gesamtarbeitsvertrags unabdingbar sind, steht im jeweiligen GAV. Hier einige Beispiele für Ansprüche, auf die Arbeitnehmer nicht gültig verzichten können:

- mindestens vier Wochen Ferien pro Jahr
- Höhe des Ferienlohns
- Lohnfortzahlung bei Arbeitsunfähigkeit
- Ersatz der notwendigerweise anfallenden Spesen
- Kündigungsschutz bei Arbeitsunfähigkeit des Arbeitnehmers
- Schutz der Persönlichkeit des Arbeitnehmers im Arbeitsverhältnis
- diverse Regeln zu Gültigkeit und Wegfall eines Konkurrenzverbots

Doch aufgepasst: Ungültig ist nur der einseitige Verzicht des Arbeitnehmers auf Ansprüche, die ihm zwingend zustehen. Anders sieht es aus bei Kompromisslösungen, wenn beide Seiten einander entgegenkommen.

REGINA T. ERHÄLT VOM ARBEITGEBER eine freiwillige Abgangsentschädigung von zwei Monatslöhnen ausgezahlt. Damit ist auch ihr restlicher Ferienanspruch von drei Wochen abgegolten.

Nicht zu den zwingenden Ansprüchen gehören die Lohnhöhe, die Kündigungsfrist oder freiwillige Leistungen wie Gratifikation, Bonus, Geschäftswagen und Ähnliches. Wenn Sie also beispielsweise auf eine Erfolgsbeteiligung verzichtet haben, können Sie später nicht mehr darauf bestehen. Verlangen Sie daher immer eine Bedenkfrist, bevor Sie etwas unterschreiben. Holen Sie notfalls fachlichen Rat (Adressen im Anhang).

Sozialplan? Abfindung?

Sozialpläne werden von Firmen erlassen oder von Arbeitnehmer- und Arbeitgebervertretern ausgehandelt, um die Folgen von Entlassungen für die Betroffenen zu mildern. Seit dem 1. Januar 2014 sind Unternehmen mit über 250 Mitarbeitern verpflichtet, einen Sozialplan auszuhandeln, sofern sie mindestens 30 Angestellte entlassen. Können sich die Parteien nicht auf einen Sozialplan einigen, muss ein Schiedsgericht einen verbindlichen Sozialplan aufstellen.

In kleineren Betrieben oder bei Entlassungen von Einzelpersonen sind Sozialpläne gesetzlich nicht vorgeschrieben und daher freiwillig. Es gibt aber Gesamtarbeitsverträge, die sie zwingend vorsehen. Ansonsten hängt es vom Goodwill Ihres Arbeitgebers ab, ob Sie bei Ihrem Austritt von irgendwelchen Leistungen profitieren können. Wurde jedoch ein Sozialplan verabschiedet, können Sie sich auf die darin enthaltenen Zusicherungen berufen. Es wäre nicht zulässig, einzelne Personen willkürlich davon auszuschliessen.

Selten: die Abgangsentschädigung

Sind Sie über 50 Jahre alt und verlassen nach mehr als 20 Dienstjahren den Betrieb, steht Ihnen grundsätzlich von Gesetzes wegen eine Abgangsentschädigung zu; diese beträgt zwei bis acht Monatslöhne, je nach Alter und Dienstjahren (Art. 339b OR). Doch in den meisten Fällen werden Sie nicht davon profitieren können.

Denn wenn Sie einer Pensionskasse angehörten, kann der Arbeitgeber den Anteil an Ihrem Pensionskassenguthaben, den er selbst finanziert hat, von der Abfindung abziehen. In aller Regel sind die Arbeitgeberbeiträge an die Pensionskasse höher als die mögliche Abgangsentschädigung. Eine Abfindung verlangen können Sie aber, wenn Sie dem Pensionskassenobligatorium nicht unterstellt waren (Jahreslohn unter 21 150 Franken, Stand 2016). Prüfen Sie auch, ob für Sie ein GAV gilt, der eine Abgangsentschädigung vorschreibt.

TIPP *Wurde Ihnen unverschuldet gekündigt? Dann versuchen Sie zu verhandeln. Vor allem, wenn Sie schon älter sind und viele Jahre in der Firma waren, stehen die Chancen nicht schlecht, dass die Arbeitgeberin Ihnen entgegenkommt – zum Beispiel mit einer verlängerten Kündigungsfrist, einer Abgangsentschädigung oder indem sie Ihnen professionelle Unterstützung bei der Stellensuche finanziert (Outplacement).*

Stempeln trotz Abfindung?

Freiwillige Austrittszahlungen des Arbeitgebers werden von der Arbeitslosenversicherung bis zum Betrag von 148 200 Franken nicht berücksichtigt. Liegt Ihre Abfindung unter diesem Betrag, können Sie sich sofort beim RAV melden und das volle Ihnen zustehende Taggeld beziehen. Ist die Abfindung höher, wird der über der Grenze liegende Betrag auf Monatslöhne umgerechnet. Während der entsprechenden Zeit haben Sie keinen Anspruch auf Arbeitslosenentschädigung.

SUSANNE P. HAT 25 JAHRE im selben Betrieb gearbeitet und zuletzt einen Lohn von 8000 Franken verdient. Ihre Abfindung beträgt 200 000 Franken. Davon werden 148 200 Franken nicht berücksichtigt. Die restlichen 51 800 Franken entsprechen rund 6,5 Monatslöhnen. Während gut einem halben Jahr kann Susanne P. also nicht stempeln. Danach kann sie sich jedoch beim RAV anmelden, falls sie immer noch arbeitslos ist.

Ein Ende im Streit

Nicht immer endet ein Arbeitsverhältnis im guten Einvernehmen. Und manchmal weigert sich eine Arbeitgeberin, berechtigten Forderungen nachzukommen. Sind bei Ihrem Austritt aus dem Betrieb noch Forderungen offen, sollten Sie die Arbeitgeberin zuerst schriftlich mahnen und ihr eine kurze Frist setzen. Nützt dies nichts, bleibt nur der Gang zum Gericht.

Nehmen Sie Ihre Situation aber genau unter die Lupe, bevor Sie diesen Schritt wagen. Es genügt nicht, dass Sie im Recht sind. Sie müssen dies auch belegen können, am besten durch schriftliche Unterlagen, eventuell auch durch Zeugenaussagen. Holen Sie sich fachlichen Rat,

GEGENSTÄNDE ZURÜCKBEHALTEN?

Darf man den Geschäftswagen, wichtige Unterlagen oder andere Gegenstände, die man für die Arbeit benötigt hat, zurückbehalten, wenn der Arbeitgeber die Lohnforderungen nicht begleichen will?

Grundsätzlich besitzen sowohl Arbeitgeber wie Arbeitnehmer ein Rückbehaltsrecht, wenn sie noch unerfüllte finanzielle Ansprüche an die Gegenpartei haben. Sie dürfen aber nur Gegenstände zurückbehalten – in der Fachsprache: retinieren –, die rechtmässig in Ihrem Besitz sind. Sie können also nicht einfach irgendwelche Gerätschaften des Arbeitgebers mit nach Hause nehmen, wenn dieser nicht zahlt. Den Geschäftswagen können Sie zurückbehalten, wenn Sie als Fahrzeughalter registriert sind und der Wagen ausschliesslich Ihnen zur Verfügung gestellt wurde. Zurückbehalten werden dürfen zudem nur Gegenstände, die übertragbar sind und einen Vermögenswert aufweisen. Ausweise, Akten oder Schlüssel dürfen Sie nicht retinieren.

wenn Sie meinen, eine Forderung zu haben, aber nicht wissen, wie Sie sie belegen und geltend machen sollen.

INFO *Verknüpfen Sie Ihre Forderung immer mit fünf Prozent Verzugszins (Art. 104 OR), damit die Arbeitgeberin weniger Interesse daran hat, die Angelegenheit zu verzögern. Forderungen aus dem Arbeitsverhältnis verjähren nach fünf Jahren (Art. 128 OR).*

Das Verfahren vor Gericht

Seit dem 1. Januar 2011 gibt es eine schweizweit gültige Zivilprozessordnung (ZPO). Danach gilt das Prinzip: Zuerst schlichten, dann richten. Der Arbeitsgerichtsprozess beginnt also grundsätzlich mit einem Schlichtungsversuch.

In den meisten Kantonen führt eine Friedensrichterin bzw. ein Vermittler den Schlichtungsversuch durch, in einigen ein erstinstanzlicher Richter. Auch eine nicht gerichtliche Behörde kann zuständig sein. Die Schlichtungsbehörde versucht, die Parteien zu versöhnen und einen Vergleich herbeizuführen.

Wenn an der Schlichtungsverhandlung ein Vergleich vorgeschlagen wird, können Sie Bedenkzeit verlangen und fachkundigen Rat einholen, um sicherzugehen, dass der Vorschlag tatsächlich angemessen ist. Sie können auch verlangen, dass in den Vergleich ein sogenannter **Widerrufsvorbehalt** aufgenommen wird. Damit erhalten Sie eine kurze Frist, während der Sie die Sache nochmals überdenken können. Kommt keine Einigung zustande, wird die Klagebewilligung erteilt.

INFO *Das Schlichtungsgesuch können Sie mündlich, schriftlich oder auf dem elektronischen Weg einreichen; eine Begründung ist nicht erforderlich. Sie müssen jedoch angeben, um wen es sich bei der Gegenpartei handelt und worum sich der Streit dreht. Der Bund hat sowohl für Schlichtungsgesuche wie auch für die Klage im sogenannten vereinfachten Verfahren (siehe unten) Formulare entwickelt, die Sie lediglich ausdrucken und ausfüllen müssen (www.bj.admin.ch → Publikationen & Service → Zivilprozessrecht → Formulare für Parteieingaben).*

Sobald der Kläger im Besitz der Klagebewilligung ist, kann er innerhalb von drei Monaten beim zuständigen Gericht klagen – also beim Gericht am Wohnsitz bzw. am Sitz der beklagten Partei oder am Ort, wo der Kläger gewöhnlich die Arbeit verrichtet hat. Nutzt er diese Frist nicht, erlischt die Klagebewilligung und er muss ein neues Schlichtungsgesuch einreichen.

WENN FIONA J. IN SPREITENBACH (AG) WOHNT und für eine Firma in Zürich gearbeitet hat, die in Genf ihren Sitz hat, kann sie in Zürich oder Genf klagen. Ihr ehemaliger Arbeitgeber kann in Baden oder Zürich klagen.

Wie hoch ist das Kostenrisiko?

Bei einem Streitwert bis 30 000 Franken gibt es ein kostenloses, vereinfachtes Verfahren, das heisst, man kann ohne umfangreiche Formalitäten klagen (mündlich oder schriftlich); eine Begründung ist nicht erforderlich.

Das Gericht sorgt dafür, dass die Angelegenheit möglichst rasch abgeschlossen wird. Dabei gilt der sogenannte Untersuchungsgrundsatz: Der zuständige Richter muss von sich aus den für den Streit massgeblichen Sachverhalt abklären und kann die Beweise frei würdigen. Er ist verpflichtet, alle Umstände zu berücksichtigen, die sich im Lauf des Verfahrens ergeben, auch wenn die Parteien diese nicht von selbst zur Sprache gebracht haben. Trotzdem sollten Sie natürlich von sich aus alles Wichtige vorbringen, damit der Richter feststellen kann, worum es geht und in welchen Punkten die Prozessparteien unterschiedliche Ansichten vertreten.

Geht es um mehr als 30 000 Franken, fallen Kosten an – je höher der Streitwert, umso teurer das Verfahren.

Unentgeltliche Rechtsvertretung

Auch beim kostenlosen Verfahren (Streitwert unter 30 000 Franken) besteht ein Kostenrisiko – dann, wenn man den Prozess verliert und Anwälte involviert sind. In der Regel trägt nämlich die unterliegende Partei auch die Anwaltskosten des Prozessgegners. Wer teilweise verliert, muss im gleichen Verhältnis auch die Kosten des gegnerischen Anwalts tragen.

Sind Sie mittellos und nicht in der Lage, Ihre (nicht von vornherein aussichtslose) Sache selbst wirksam zu vertreten, übernimmt unter Umständen der Staat die Kosten des Prozesses. In der Regel muss beim angerufenen Gericht ein Gesuch um unentgeltliche Rechtspflege eingereicht werden. Ihr Anwalt kennt die Einzelheiten.

Wenn das Urteil gefällt ist

Liegt das Urteil vor, haben Sie – wie auch der Arbeitgeber – in der Regel die Möglichkeit, eine höhere Gerichtsinstanz anzurufen, sofern Sie mit dem Ergebnis nicht einverstanden sind. Auf dem Urteil ist vermerkt, innert welcher Frist und bei welcher Stelle Sie den Entscheid anfechten können (Rechtsmittelbelehrung).

Verstreicht die Frist ungenutzt, wird das Urteil rechtskräftig. Damit wird auch eine Ihnen zugesprochene Summe fällig. Der Arbeitgeber muss Ihnen das Geld unaufgefordert überweisen. Tut er das nicht, können Sie gestützt auf das Urteil sofort die Betreibung einleiten. Verlangen Sie Verzugszins ab dem Urteilsdatum. Erhebt der Arbeitgeber gegen die Betreibung Rechtsvorschlag, lässt sich dieser leicht beseitigen, doch müssen Sie erneut das Gericht anrufen.

TIPP *Wenn Sie Ihren Prozess gewonnen und die geforderte Summe ausgezahlt erhalten haben, sollten Sie bei der Ausgleichskasse abklären, ob der Arbeitgeber auch die entsprechenden AHV-Beiträge abgerechnet hat.*

Stempeln schon während des Prozesses?

Wenn Sie einen Rechtsstreit mit dem Arbeitgeber ausfechten müssen, ist oft längere Zeit nicht klar, ob der Arbeitgeber Ihnen noch Lohn schuldet, ob das Arbeitsverhältnis schon beendet ist oder noch andauert. Beispiele:

- Der Arbeitgeber kündigt Ihrer Meinung nach mit einer zu kurzen Kündigungsfrist und lässt nicht mit sich reden (mehr zu den Fristen auf Seite 31 und 41).
- Sie arbeiten seit Jahren unregelmässig Teilzeit. Plötzlich weist Ihnen die Arbeitgeberin gar keine Arbeit mehr zu, will aber auch nicht kündigen.
- Sie wurden fristlos entlassen; das Gericht muss erst entscheiden, ob die Entlassung gerechtfertigt war.
- Ihre Kündigungsfrist verlängert sich, weil Sie krank wurden. Der Arbeitgeber will davon nichts wissen und behauptet, Sie seien gar nicht krank.

In solchen Fällen stehen Arbeitnehmende plötzlich ohne Geld und ohne Job da. Ob vom Arbeitgeber noch etwas zu holen ist, wird das Gericht klären. Muss man nun warten, bis das Urteil gefällt ist, oder kann man in der Zwischenzeit bereits stempeln gehen?

Im Zweifelsfall: Arbeitslosenentschädigung

Grundsätzlich gilt: Eine der Voraussetzungen für Arbeitslosenentschädigung ist, dass Sie keine Ansprüche gegenüber dem Arbeitgeber mehr haben. Deshalb müssen Sie auch stets all Ihre Ansprüche gegenüber dem Arbeitgeber geltend machen – wenn nötig auf dem Gerichtsweg. Hat die Arbeitslosenkasse jedoch begründete Zweifel daran, dass Ihnen noch Lohn- und Entschädigungsansprüche zustehen, richtet sie Taggelder aus. Sie können sich also in solchen Fällen umgehend beim RAV anmelden. Dies gilt auch, wenn zwar feststeht, dass Ihnen noch Lohn zusteht, aber fraglich ist, ob Ihr Arbeitgeber überhaupt zahlen kann.

Erhalten Sie Taggelder, gehen alle Ihre Ansprüche gegenüber dem Arbeitgeber im Umfang der gezahlten Beträge an die Arbeitslosenkasse über. Diese kann sich an einem Verfahren, das Sie einleiten, beteiligen. Notfalls wird die Kasse auch selbst den Prozess suchen.

TIPP *Lassen Sie sich beraten, wenn Sie unsicher sind, ob Sie noch Forderungen gegenüber dem Arbeitgeber haben. Melden Sie sich lieber zu früh als zu spät beim RAV. Rückwirkend besteht kein Anspruch auf Arbeitslosenentschädigung.*

Job weg: Wie steht es mit dem Versicherungsschutz?

Solange Sie angestellt sind, sind Sie gegen viele Risiken abgesichert: Unfallversicherung, Lohn bei Krankheit, Altersvorsorge – alles ist geregelt. Verlieren Sie Ihren Job, ohne eine neue Stelle zu haben, gilt es, den Versicherungsschutz zu überprüfen.

Für einen Teil dieser Versicherungen werden die Beiträge weiterhin bezahlt, solange Sie Arbeitslosengeld beziehen. Für andere müssen Sie selber aufkommen.

Die Unfallversicherung

Sind Sie mindestens acht Arbeitsstunden pro Woche im selben Betrieb tätig, sind Sie obligatorisch gegen Berufs- und Nichtberufsunfall versichert. Ihr Versicherungsschutz dauert auch noch 30 Tage über das Ende des Arbeitsverhältnisses hinaus an (Nachdeckung).

Teilzeitbeschäftigte mit weniger als acht Arbeitsstunden pro Woche sind während des Arbeitsverhältnisses nur gegen Berufsunfälle (inklusive Unfälle auf dem Arbeitsweg) versichert. Dieser Versicherungsschutz entfällt mit dem Ende der Erwerbstätigkeit.

Abredeversicherung abschliessen

Falls Sie sich bei der Arbeitslosenversicherung anmelden, ist Ihr Unfallversicherungsschutz weiterhin gewährleistet. Die Beiträge dafür werden Ihnen vom Arbeitslosentaggeld abgezogen. Wenn Sie jedoch keine neue Stelle antreten und auch nicht stempeln, sollten Sie vor Ablauf der 30-tägigen Nachdeckung mit dem bisherigen Versicherer eine Abredeversicherung abschliessen. Dadurch können Sie den Versicherungsschutz um maximal weitere 180 Tage verlängern.

Anschliessend ist die Krankenkasse für den Unfallversicherungsschutz zuständig. Gedeckt sind dann allerdings nur noch die Heilungskosten. Ausserdem müssen Sie beim Krankenversicherer, anders als bei der Unfallversicherung, Franchise und Selbstbehalt selber tragen. Die Abredeversicherung ist daher vorteilhafter als eine Versicherungslösung durch die Krankenkasse.

INFO *Die Abredeversicherung ist vor allem wichtig, wenn Sie nach Ablauf der Kündigungsfrist längere Ferien oder eine Weiterbildung planen. Auch Frauen, die wegen Familienpflichten eine Zeit lang auf eine Berufstätigkeit verzichten, müssen an ihre Unfallversicherung denken.*

Eine 30-tägige Nachdeckung gilt im Übrigen auch, wenn Sie bei der Arbeitslosenversicherung ausgesteuert werden. Und auch in diesem Fall besteht die Möglichkeit einer Abredeversicherung.

Absicherung im Krankheitsfall

Nicht obligatorisch ist eine Lohnausfallversicherung für den Krankheitsfall. Fortschrittliche Firmen schliessen jedoch Krankentaggeldversicherungen ab, die üblicherweise während 720 oder 730 Tagen ein Taggeld in Höhe von 80 oder 100 Prozent des Lohnes entrichten. Der Schutz einer solchen betrieblichen Versicherung endet mit dem Austritt aus dem Arbeitsverhältnis. Sind Sie vorher noch krank geworden und zum Zeitpunkt des Austritts immer noch arbeitsunfähig, werden die Leistungen oft während einer gewissen Zeitspanne weiter ausgerichtet. Das hängt aber vom Vertrag mit dem Versicherer ab.

Übertritt in die Einzelversicherung möglich

Die Krankentaggeldversicherung Ihres Arbeitgebers können Sie – falls Sie arbeitslos werden – nach Beendigung des Arbeitsverhältnisses in eine Einzelversicherung überführen. Der Übertritt ist ohne Gesundheitsprüfung möglich. Damit bleibt der bisherige Versicherungsschutz auch während der Arbeitslosigkeit erhalten. Allerdings müssen Sie die (teuren) Prämien aus der eigenen Tasche zahlen. Lassen Sie sich vom Arbeitgeber oder von seinem Versicherer informieren.

Hat Ihr Arbeitgeber keine Lohnausfallversicherung abgeschlossen, können Sie bei einer Krankenkasse selbst ein Taggeld versichern – vorausgesetzt, Sie sind bei Vertragsabschluss gesund.

TIPP *Eine Krankentaggeldversicherung ist auch empfehlenswert, wenn Sie stempeln gehen. Vereinbaren Sie aber eine Wartefrist von 30 Tagen; die ersten 30 Tage übernimmt nämlich die Arbeitslosenversicherung (siehe Seite 144). Ist Ihr Anspruch auf Arbeitslosengeld ausgeschöpft, lohnt sich die Krankentaggeldversicherung allerdings nicht mehr. Sie gelten dann als nicht erwerbstätig und können nur noch ein sehr tiefes Taggeld versichern, für das Sie vergleichsweise hohe Prämien zahlen müssen.*

AHV: in der Regel abgedeckt

Wenn Sie arbeitslos werden und Arbeitslosenentschädigung beziehen, müssen Sie bezüglich AHV nichts unternehmen. Vom Taggeld werden automatisch AHV-Beiträge abgezogen, wie wenn es Lohn wäre.

Wann muss man bei der AHV selber schauen?
Verzichten Sie – zum Beispiel wegen einer Weiterbildung – längere Zeit auf eine Erwerbstätigkeit und auch auf Arbeitslosentaggeld, müssen Sie sich selber um Ihre AHV-Beiträge kümmern. Melden Sie sich bei Arbeitsunterbrüchen, die länger als drei Monate dauern, bei der AHV-Ausgleichskasse in Ihrem Kanton oder Ihrer Wohngemeinde als Nichterwerbstätiger an.

Die Beiträge der Nichterwerbstätigen sind abgestuft nach dem Vermögen und allfälligem Renteneinkommen. Der Mindestbeitrag beträgt 480 Franken pro Jahr, der Maximalbeitrag 24 000 Franken (Stand 2016). Sind Sie verheiratet und geben Sie wegen Familienpflichten Ihre Erwerbstätigkeit auf, entfällt die Beitragszahlung, wenn Ihr Ehemann, Ihre Ehefrau erwerbstätig ist und das Doppelte des gesetzlichen Mindestbeitrags einzahlt (960 Franken, Stand 2016).

Was geschieht mit dem Pensionskassengeld?

Beim Austritt aus der Firma erhalten Sie von der Pensionskasse grundsätzlich alle Altersgutschriften, die für Sie eingezahlt wurden und zwar samt Zinsen. Massgebend für die genaue Berechnung dieser Austritts- oder Freizügigkeitsleistung ist das Pensionskassenreglement. Bar beziehen können Sie die Austrittsleistung aber nur ausnahmsweise, nämlich wenn

- Sie die Schweiz endgültig und nachweisbar verlassen, um sich in einem Land ausserhalb des EU-/EFTA-Raums niederzulassen (beim

Umzug in ein EU-/EFTA-Land ist ein Barbezug in der Regel nur im überobligatorischen Bereich möglich).

- Sie sich selbständig machen.
- die Austrittsleistung weniger als einen Jahresbeitrag ausmacht.

INFO *Verheiratete oder in eingetragener Partnerschaft lebende Personen dürfen sich das Guthaben nur dann bar auszahlen lassen, wenn der Ehegatte, die eingetragene Partnerin schriftlich zustimmen.*

Wenn Sie eine neue Stelle antreten, müssen Sie die Austrittsleistung der alten Pensionskasse in die Vorsorgeeinrichtung beim neuen Arbeitgeber einzahlen.

Das gilt bei Stellenlosigkeit

Treten Sie nicht gleich eine neue Arbeitsstelle an, muss Ihre Freizügigkeitsleistung bei einer Bank oder Versicherung deponiert werden. Die Bank führt für Sie ein Freizügigkeitskonto, das verzinst wird. Vergleichen Sie die Zinssätze der verschiedenen Banken. Mit der Freizügigkeitspolice einer Versicherung können Sie sich auch gegen die Risiken Tod und/oder Invalidität absichern. In der Regel werden die Risikoprämien mit einem Teil des Zinses gedeckt, weshalb dieser tiefer ausfällt als bei einem Freizügigkeitskonto. Auch hier gilt: Vergleichen Sie die verschiedenen Angebote und prüfen Sie die Versicherungsleistungen genau.

Wenn Sie die bisherige Pensionskasse nicht über die Verwendung Ihrer Freizügigkeitsleistung informieren, muss diese frühestens sechs Monate, spätestens aber zwei Jahre nach Ihrem Austritt die Freizügigkeitsleistung samt Zins – aber ohne Verzugszins – an die Stiftung Auffangeinrichtung BVG überweisen. Diese richtet für Sie ein Freizügigkeitskonto ein (Informationen zur Auffangeinrichtung unter www.chaeis.ch).

Solange Sie Arbeitslosenentschädigung beziehen, werden Ihnen von den Taggeldern Beiträge an die zweite Säule abgezogen. Die obligatorische berufliche Vorsorge für arbeitslose Personen deckt jedoch nur die Risiken Tod und Invalidität ab; das Alterssparen wird nicht fortgesetzt. Mehr Informationen finden Sie in einem Merkblatt des EVD (www.treffpunkt-arbeit.ch → Publikationen → Info-Service für Arbeitslose).

INFO *Für die Risikoleistungen (Invalidität, Tod) bleiben Sie einen Monat über das Ende des Arbeitsverhältnisses hinaus versichert. Versterben Sie innerhalb dieser Frist, löst dies noch Witwen-, Witwer- oder Waisenrenten für Ihre Hinterbliebenen aus. Erkranken Sie innerhalb der Nachdeckungsfrist so schwer, dass Sie invalid werden, haben Sie Anspruch auf eine Rente von Ihrer bisherigen Pensionskasse. Auch nachdem Sie bei der Arbeitslosenversicherung ausgesteuert wurden, besteht eine Nachdeckung von einem Monat.*

4

Arbeitslos: So kommen Sie zu Ihrem Geld

Die neue Situation meistern

Die Arbeitswelt hat sich stark gewandelt. Sichere Lebensstellen gibt es heute kaum mehr. Moderne Berufskarrieren erfordern Flexibilität, Lernbereitschaft und die Fähigkeit, sich immer wieder neu zu orientieren. Phasen von Arbeitslosigkeit gehören häufig dazu.

Die Stelle zu verlieren ist daher weder eine Schande noch ein Grund, sich zu verkriechen oder so zu tun, als wäre alles beim Alten. Im Gegenteil: Reden Sie mit Ihrer Familie, mit Freunden und beruflichen Bekannten über Ihre Situation. Dies hilft Ihnen nicht nur, den Jobverlust zu verarbeiten. Beziehungen und persönliche Empfehlungen sind immer noch die beste Art, rasch eine neue Stelle zu finden.

Auszeiten sind heikel

Vielleicht möchten Sie sich zunächst eine Auszeit gönnen, bevor Sie sich an die Stellensuche machen. Das ist zwar verständlich, aber gefährlich, denn dadurch verlieren Sie wertvolle Zeit und riskieren Probleme mit der Arbeitslosenversicherung, wenn Sie nur ungenügende Stellenbemühungen vorweisen können. Zögern Sie nicht, den beruflichen Neubeginn in Angriff zu nehmen, und achten Sie dabei auf Folgendes:

- Nehmen Sie eine Standortbestimmung vor. Was haben Sie erreicht, wie soll es in Zukunft weitergehen, welche Möglichkeiten haben Sie? Überlegen Sie, wie Sie die verschiedenen Eingliederungsangebote der Arbeitslosenversicherung nutzen können (mehr dazu auf Seite 132).

- Längere Phasen von Arbeitslosigkeit schmälern Ihre Chancen auf eine neue Stelle. Warten Sie daher nicht auf den Traumjob. Ziehen Sie auch Zwischenlösungen in Betracht. Diese sind nicht nur finanziell interessant, sondern eröffnen Ihnen auch neue Perspektiven. Und niemand hindert Sie daran, anschliessend weiterzusuchen, bis Sie die richtige Herausforderung gefunden haben.
- Behalten Sie während der Arbeitslosigkeit weiterhin eine feste Tagesstruktur bei. Dadurch bleiben Sie im Rhythmus der Arbeitswelt. Ihr Job ist jetzt die Stellensuche.
- Füllen Sie leere Stunden. Nehmen Sie den lang geplanten Ausbau des Estrichs in Angriff. Engagieren Sie sich bei der Nachbarschaftshilfe. Geben Sie der Tochter Ihrer Kollegin Nachhilfeunterricht. Verpflichten Sie sich aber nicht zu einem längeren Engagement. Sie müssen jederzeit in der Lage sein, eine neue Stelle anzutreten.

TIPP *Rückschläge und Enttäuschungen werden sich kaum vermeiden lassen. Suchen Sie rechtzeitig Hilfe, bevor Sie in ein Loch fallen. Im Anhang finden Sie Adressen von Beratungsstellen, Selbsthilfegruppen und Arbeitslosentreffs, wo Sie Unterstützung finden und sich austauschen können.*

Mit diesen Stellen haben Sie zu tun

Die **Regionalen Arbeitsvermittlungszentren (RAV)** sind die wichtigsten Kontaktstellen für Erwerbslose. Die Beraterinnen und Berater sind Ansprechpartner, helfen beim Ausfüllen der nötigen Formulare und beim Erarbeiten einer Strategie für die Stellensuche. Sie vermitteln den Zugang zu verschiedenen Kursen und Beschäftigungsprogrammen. In jedem RAV befinden sich zudem Selbstbedienungsterminals, an denen Sie nach offenen Stellen in der ganzen Schweiz suchen können.

Die RAV-Mitarbeiter haben aber nicht nur Beratungs-, sondern auch Kontrollfunktion. Sie überprüfen die Zahl und Qualität der Stellenbewerbungen, verhängen Sanktionen für ungenügende Bemühungen und greifen ein, wenn sie glauben, jemand sei nicht vermittlungsfähig.

Die **Arbeitslosenkassen** überprüfen die Anspruchsberechtigung und kümmern sich um die Auszahlung der Arbeitslosenentschädigung. Ausserdem verfügen sie Sanktionen (Einstelltage) bei selbstverschuldeter Arbeitslosigkeit, bei Verzicht auf Lohnforderungen gegenüber dem bisherigen Arbeitgeber, bei unrechtmässigem Bezug von Taggeldern sowie bei einer Verletzung der Meldepflicht gegenüber der Kasse.

Jeder Kanton führt eine öffentliche Kasse; daneben gibt es Verbandskassen von Arbeitnehmer- und Arbeitgeberorganisationen. Sie können aus den in Ihrem Kanton tätigen Kassen frei wählen. Diese Wahl bindet Sie aber während der ganzen Bezugszeit.

Die **kantonalen Amtsstellen** sorgen für einen einheitlichen Vollzug des Arbeitslosenversicherungsgesetzes im Kanton. In Zweifelsfällen entscheiden sie anhand der Meldungen der RAV und der Arbeitslosenkassen über den Anspruch auf Arbeitslosenentschädigung.

Das **Staatssekretariat für Wirtschaft (Seco)** als höchste Institution ist zuständig für die Rahmenbedingungen der kantonalen Ämter, der Arbeitslosenkassen und der RAV. Das Seco kontrolliert die ihm unterstellten Institutionen.

INFO *Die Adressen der RAV, Arbeitslosenkassen und kantonalen Amtsstellen finden Sie im Internet unter www.treffpunkt-arbeit.ch (→ Kontakt → Adressen für Stellensuchende).*

Der Anspruch auf Arbeitslosentaggeld

Wer seine Stelle verliert und ohne Einkommen dasteht, ist durch die Arbeitslosenversicherung wenigstens eine Zeit lang abgesichert. Die Arbeitslosenversicherung (ALV) ist für alle Angestellten obligatorisch. Die Prämie dafür wird Ihnen zusammen mit den AHV-Beiträgen vom Salär abgezogen.

Zurzeit beträgt die Prämie für die Arbeitslosenversicherung 1,1 Prozent des AHV-pflichtigen Lohns bis maximal 148 200 Franken im Jahr (Stand 2016). Auf Einkommensteilen über diesem Betrag wird zusätzlich ein halbes sogenanntes Solidaritätsprozent erhoben. Einen gleich hohen Beitrag leistet jeweils der Arbeitgeber.

INFO *Unter www.ahv-iv.info finden Sie ein Merkblatt über die Beiträge an die ALV (→ Merkblätter & Formulare → Merkblätter → Beiträge an die AHV/IV/EO/ALV → Merkblatt 2.08). Gut aufbereitete Informationen und Merkblätter enthält auch die Webseite www.treffpunkt-arbeit.ch. Wer sich mit Detailfragen des komplizierten Gesetzes auseinandersetzen möchte, findet hier zudem diverse Kreisschreiben über die Arbeitslosenentschädigung, Kurzarbeit sowie arbeitsmarktliche Massnahmen.*

Damit Sie von der Arbeitslosenversicherung profitieren können, müssen zahlreiche Anspruchsvoraussetzungen erfüllt sein (Art. 8 AVIG, siehe Kasten auf der nächsten Seite). Was das in der Realität bedeutet und worauf Sie speziell achten müssen, wird auf den folgenden Seiten erklärt.

WER ARBEITSLOSENENTSCHÄDIGUNG WILL, MUSS ...

- ganz oder teilweise arbeitslos sein,
- den Wohnsitz in der Schweiz haben,
- die obligatorische Schulzeit zurückgelegt und das AHV-Alter noch nicht erreicht haben,
- die Kontrollvorschriften des RAV erfüllen (Arbeitsbemühungen nachweisen, Termine mit dem RAV-Berater einhalten),
- einen anrechenbaren Arbeitsausfall erleiden,
- genügend Beitragszeit aufweisen oder von der Beitragspflicht befreit sein und
- vermittlungsfähig, das heisst gewillt und in der Lage sein, eine Stelle anzunehmen.

Ganz oder teilweise arbeitslos

Nicht alle, die gerade keine Arbeit haben, gelten vor dem Gesetz als arbeitslos. Unterschieden wird ausserdem zwischen ganz und teilweise Arbeitslosen.

- Sie gelten als **ganz arbeitslos,** wenn Sie in keinem Arbeitsverhältnis stehen und eine Vollzeitbeschäftigung suchen.
- **Teilweise arbeitslos** sind Sie, wenn Sie keine Stelle haben und einen Teilzeitjob suchen oder wenn Sie bereits eine Teilzeitarbeit haben und eine zweite Teilzeit- oder eine Vollzeitstelle suchen.

Wenn Sie zwar keine Anstellung haben, aber aus irgendwelchen Gründen auch gar keine suchen, gelten Sie nicht als arbeitslos (zum Beispiel bei einer längeren Weiterbildung oder als Hausfrau und Mutter). Ebenfalls als nicht arbeitslos gelten Sie, solange Sie sich nicht bei der Wohngemeinde oder direkt beim RAV angemeldet haben.

Alter und Wohnort

Einen Anspruch auf Arbeitslosenentschädigung haben Stellenlose, die sich im Erwerbsalter befinden. Folgende Gruppen sind vom Versicherungsschutz ausgeschlossen:

- Personen, die die obligatorische Schulzeit noch nicht zurückgelegt haben
- Personen, die das ordentliche AHV-Rentenalter erreicht haben
- Personen, die ihre AHV-Rente vorbeziehen

Eine weitere Voraussetzung ist der Wohnsitz in der Schweiz. Ausländer sind den Schweizern gleichgestellt, sofern sie eine gültige Niederlassungs- oder Aufenthaltsbewilligung besitzen. Entscheidend ist, dass man sich tatsächlich in der Schweiz aufhält und die Absicht hat, während einer gewissen Zeit hier zu bleiben und auch den Schwerpunkt der Lebensbeziehungen im Land zu haben (BGE 115 V 448).

INFO *Sind Sie Schweizer oder Schweizerin und möchten in einem Land der EU/EFTA arbeiten? Oder haben Sie den Pass eines EU- oder EFTA-Staats und möchten in der Schweiz Arbeit suchen? Informationen finden Sie unter www.treffpunkt-arbeit.ch (→ Publikationen → Info-Service für Arbeitslose).*

Kontrollvorschriften und Meldepflichten

Der erste Beratungstermin beim Regionalen Arbeitsvermittlungszentrum (RAV) findet etwa zwei Wochen nach der Anmeldung statt (zur Anmeldung siehe Seite 61). Danach müssen sich Arbeitslose monatlich zu einem Beratungs- und Kontrollgespräch beim RAV einfinden. Wer einem ganztägigen Zwischenverdienst nachgeht (siehe Seite 125), muss sich nur alle zwei Monate zeigen.

Ihre Beraterin, Ihr Berater macht sich ein Bild von Ihrer Situation und zeigt Ihnen Möglichkeiten auf, wie Sie wieder eine neue Stelle finden können. Er oder sie kontrolliert Ihre Stellenbemühungen und gibt Ihnen Informationen über Kurse und Beschäftigungsprogramme. Die Gesprächstermine mit Ihrer Beratungsperson sollten Sie unbedingt einhalten. Unentschuldigte Versäumnisse können mit Taggeldkürzungen geahndet werden (Einstelltage, siehe Seite 166). Weisungen des RAV sind zu befolgen.

Meldepflicht
Wichtige Veränderungen Ihrer Situation (zum Beispiel hinsichtlich Wohnort, Zivilstand oder Arbeitsfähigkeit), vor allem aber jeden während der Arbeitslosigkeit erzielten Verdienst müssen Sie dem RAV unverzüglich melden.

Anrechenbarer Arbeits- und Verdienstausfall

Solange Sie in einem Arbeitsverhältnis stehen und Lohnforderungen gegenüber Ihrem Arbeitgeber haben, erhalten Sie keine Taggelder. Sie haben dann keinen anrechenbaren Arbeitsausfall.

DIE ZAHNÄRZTIN CLARA H. baut ihre Praxis um und erklärt ihrer Gehilfin, sie brauche für sechs Wochen nicht zur Arbeit zu erscheinen. In dieser Zeit hat die Angestellte keinen Anspruch auf Arbeitslosenentschädigung, da das Arbeitsverhältnis nach wie vor besteht. Frau H. muss sie auch während des Umbaus wie üblich bezahlen (Art. 324 OR).

Verzichten Sie daher nicht freiwillig auf Lohnansprüche, indem Sie zum Beispiel einer Verkürzung der Kündigungsfrist zustimmen. Sie riskieren sonst Einstelltage wegen selbst verschuldeter Arbeitslosigkeit. Aber: Falls Sie am Ende des Arbeitsverhältnisses noch Ferien ausgezahlt erhalten, können Sie trotzdem sofort Taggelder beziehen. Das Gleiche gilt, wenn Sie vom Arbeitgeber eine Abgangsentschädigung von weniger als 148 200 Franken erhalten (siehe Seite 70).

Kleine Ausfälle sind nicht versichert

Ihr Arbeitsausfall muss ein gewisses Ausmass erreichen, um versichert zu sein: Er muss mindestens zwei volle aufeinanderfolgende Arbeitstage dauern und zu einer Lohneinbusse führen. Für Teilzeitbeschäftigte ist der Arbeitsausfall nur anrechenbar, wenn er innerhalb von zwei Wochen mindestens zwei volle Teilzeitarbeitstage ausmacht. Ein voller Arbeitstag entspricht einem Fünftel der wöchentlichen Arbeitszeit, die die arbeitslose Person an ihrer letzten Stelle geleistet hat.

KARIN P. ARBEITETE vor ihrer Arbeitslosigkeit 20 Stunden pro Woche. Ein voller Teilzeitarbeitstag beträgt damit 20 : 5 = 4 Stunden. Frau P. hat Anspruch auf Arbeitslosenentschädigung, wenn pro zwei Wochen acht Stunden ausfallen.

Zwölfmonatige Beitragszeit erfüllt?

Arbeitslosentaggelder erhalten Sie nur, wenn Sie in den zwei Jahren vor der Anmeldung bei der Gemeinde oder beim RAV (Rahmenfrist für die Beitragszeit, siehe Kasten auf der Seite 95) mindestens zwölf Monate erwerbstätig waren und ALV-Beiträge gezahlt haben. Es spielt keine Rolle, ob Sie Vollzeit oder Teilzeit gearbeitet haben.

Haben Sie tage- oder wochenweise bei verschiedenen Arbeitgebern gearbeitet, werden Ihre Arbeitstage zusammengezählt und auf Beitragsmonate umgerechnet. Das heisst: Anzahl Arbeitstage × 1,4 ergibt die Anzahl Kalendertage; 30 Kalendertage entsprechen einem Beitragsmonat.

VIOLETTA T. HAT VOM 25. MÄRZ bis zum 8. September 2015 in einer Druckerei gearbeitet. Und so wird ihre Beitragszeit berechnet:

25. bis 31. März = 5 Werktage × 1,4 = 7 Kalendertage
1. April bis 31. August = 5 Monate
1. bis 8. September = 6 Werktage × 1,4 = 8,4 Kalendertage

Die Beitragszeit von Violetta T. beläuft sich also auf insgesamt 5 Monate und 15,4 Kalendertage.

Neben den «normalen» Anstellungen gelten auch folgende Situationen als Beitragszeiten:

- Arbeitszeiten von unter 18-Jährigen (die noch keine ALV-Beiträge zahlen müssen)
- mindestens dreiwöchiger Militär-, Zivil- oder Zivilschutzdienst
- Zeiten, in denen Sie angestellt waren, aber wegen Krankheit oder Unfall keinen Lohn erhielten und daher keine ALV-Beiträge zahlten
- von Gesetz oder Gesamtarbeitsverträgen vorgeschriebene Arbeitsunterbrüche wegen Mutterschaft
- Anstellungen in EU- und EFTA-Ländern

Sonderregeln gibt es für Mütter, die nach einer kürzeren Erziehungspause wieder ins Berufsleben einsteigen wollen (siehe Seite 152) und für vorübergehend Selbständigerwerbende (siehe Seite 138).

ACHTUNG *Die zwölf Beitragsmonate müssen genau erfüllt sein. Fehlt auch nur ein Tag, besteht kein Anspruch auf Taggeld. Immerhin spielt es keine Rolle, ob der Arbeitgeber, der Ihnen die Beiträge für die ALV vom Lohn abgezogen hat, diese tatsächlich an die AHV-Ausgleichskasse weitergeleitet hat. Wurden die Beiträge nachweisbar abgezogen, sind Sie auch versichert.*

RAHMENFRIST: WAS HEISST DAS?

Die Rahmenfristen begrenzen die Leistungspflicht der Versicherung. Es gibt zwei davon:

- **Rahmenfrist für die Beitragszeit:** Gemeint sind die zwei Jahre vor der Anmeldung bei der Arbeitslosenversicherung. Wer in dieser Zeit mindestens zwölf Monate gearbeitet und ALV-Beiträge gezahlt hat, hat Anspruch auf Arbeitslosenentschädigung. Beitragszeiten, die länger zurückliegen, fallen (mit wenigen Ausnahmen, zum Beispiel bei einer Erziehungspause) ausser Betracht.
- **Rahmenfrist für den Leistungsbezug:** Hier geht es um die zwei Jahre ab dem Tag der ersten Anmeldung bei der ALV. In dieser Zeitspanne können Arbeitslose ihre Taggelder beziehen. Taggelder, die bis zum Ende der Rahmenfrist nicht bezogen wurden, verfallen. In Spezialfällen verlängert sich die Rahmenfrist, zum Beispiel bei Arbeitslosen kurz vor der Pensionierung. Eine neue Rahmenfrist für den Leistungsbezug wird eröffnet, wenn man zwölf neue Beitragsmonate nachweisen kann, beispielsweise dank einem Zwischenverdienst (siehe Seite 125).

Von der Erfüllung der Beitragszeit befreit

Haben Sie nicht genug Beitragsmonate vorzuweisen? Möglicherweise können Sie trotzdem Leistungen der Arbeitslosenversicherung beziehen – nämlich dann, wenn Sie aus einem oder mehreren der folgenden Gründe während der Rahmenfrist für die Beitragszeit (siehe Kasten) länger als zwölf Monate nicht in einem Arbeitsverhältnis stehen konnten:

- Aus- und Weiterbildung (Voraussetzung: zehn Jahre lang Wohnsitz in der Schweiz)
- Krankheit, Unfall (Wohnsitz in der Schweiz)

- medizinisch bedingte Arbeitsunfähigkeit bei Mutterschaft
- Betreuung pflegebedürftiger Personen im gleichen Haushalt
- Aufenthalt in einer Schweizer Haftanstalt
- Arbeitsaufenthalt in einem Land ausserhalb der EU/EFTA

Von der Beitragszeit befreit sind Sie auch, wenn Sie aufgrund eines der folgenden (oder ähnlicher) Ereignisse gezwungen sind, einen Job zu suchen, und das Ereignis nicht länger als ein Jahr zurückliegt:
- Ehescheidung oder -trennung
- Invalidität oder Tod des Ehegatten
- Wegfall einer IV-Rente
- Wegfall der Betreuung einer pflegebedürftigen Person im gleichen Haushalt

Wer von der Beitragszeit befreit ist, hat längere Wartezeiten zu bestehen; die Arbeitslosenunterstützung wird auf Basis von Pauschalansätzen berechnet (mehr dazu auf Seite 101).

Besonders wichtig: Vermittlungsfähigkeit

Anspruch auf Arbeitslosenentschädigung haben nur Erwerbslose, die auch vermittlungsfähig sind. Das heisst, sie müssen bereit, in der Lage und berechtigt sein, eine zumutbare Arbeit anzutreten oder an einer arbeitsmarktlichen Massnahme (siehe Seite 132) teilzunehmen.

Gewillt und in der Lage zu arbeiten

Arbeitslose müssen sich intensiv und ernsthaft um Arbeit bemühen. Ihre Lebensumstände (Familienpflichten, Gesundheit) müssen so sein, dass sie eine Stelle auch tatsächlich antreten können, und schliesslich müssen sie auch alle nötigen Bewilligungen haben, um einer Erwerbstätigkeit nachgehen zu können (betrifft vor allem Ausländer).

Mit anderen Worten: Wer aus persönlichen, familiären oder zeitlichen Gründen seine Arbeitskraft auf dem Arbeitsmarkt nicht so einsetzen kann oder will, wie es ein Arbeitgeber normalerweise verlangt, ist nicht vermittlungsfähig. Nicht vermittlungsfähig ist auch eine Person, die weniger als 20 Prozent arbeiten kann oder will (mehr zum Thema Vermittlungsfähigkeit und zur Frage, welche Stellen als zumutbar gelten, lesen Sie auf Seite 115 und 120).

Arbeitslose «Arbeitgeber»

Waren Sie vor Ihrer Arbeitslosigkeit in hoher leitender Stellung tätig – zum Beispiel als Angestellter in Ihrer eigenen AG oder GmbH? Sitzen Sie immer noch im Verwaltungsrat des Betriebs, bei dem Sie angestellt waren, oder sind Sie – bzw. Ihr Ehemann, Ihre Frau – massgeblich finanziell daran beteiligt? Dann können Sie nicht ohne Weiteres Leistungen der ALV beanspruchen. Solange Sie Ihre arbeitgeberähnliche Stellung beibehalten, haben Sie keinen Anspruch auf Arbeitslosenentschädigung, da Sie die Entscheide im Betrieb weiterhin bestimmen oder massgeblich beeinflussen können. Die ALV kann nicht dazu dienen, Betriebsflauten zu überbrücken.

DIE EHELEUTE PETER UND MAYA F. führen gemeinsam eine kleine Druckerei in Form einer GmbH. Beide sind rechtlich Angestellte ihres Betriebs und zahlen Beiträge an die Arbeitslosenversicherung. Als die Geschäfte immer schlechter laufen, beschliesst Peter F., auswärts nach einer Stelle zu suchen, und entlässt sich selbst. Solange seine Ehefrau jedoch die GmbH weiterführt – und ihn jederzeit wieder einstellen könnte –, hat Herr F. keinen Anspruch auf Arbeitslosenentschädigung. Das Ehepaar müsste die GmbH zuerst liquidieren oder verkaufen. Massgebend ist dabei die Löschung im Handelsregister.

Keinen Anspruch auf Arbeitslosenentschädigung hatte laut Bundesgericht auch ein Arbeitnehmer, dem der Arbeitgeber, eine Aktiengesellschaft, zwar gekündigt hatte, der aber nach wie vor als Alleinaktionär und einziger Verwaltungsrat der AG amtete (BGE 123 V 234).

Auch ein Mann, der gekündigt hatte, sich aber – je nach Geschäftsgang – von seiner Lebenspartnerin, die auch die Kündigungsschreiben, Arbeitsverträge, Zwischenverdienstformulare und Arbeitgeberbescheinigungen unterzeichnete, wieder hätte anstellen lassen können, galt für das Bundesgericht als arbeitgeberähnliche Person und hatte keinen Anspruch auf Arbeitslosenentschädigung (Urteil 8C_664/2009 vom 13.1.2010).

Wie hoch ist die Arbeitslosenentschädigung?

Die Arbeitslosenentschädigung wird in Form von fünf Taggeldern pro Woche ausgerichtet. Feiertage, die auf einen Werktag fallen, sind ebenfalls entschädigungsberechtigt. Sie erhalten also nicht jeden Monat gleich viel Arbeitslosenentschädigung.

Massgebend für die Höhe des Taggelds ist der **versicherte Verdienst.** Dieser entspricht in der Regel dem Durchschnittslohn der letzten sechs Monate (falls vorteilhafter: Durchschnitt der letzten zwölf Monate). Versichert ist ein Monatslohn von höchstens 12 350 Franken (Stand 2016). Wer mehr verdient hat, muss sich mit einem Taggeld begnügen, das auf diesem Maximalbetrag beruht. Nicht ver

WAS GEHÖRT ZUM VERSICHERTEN VERDIENST?

Zum versicherten Verdienst (maximal 12 350 Franken monatlich) gehören in erster Linie folgende Posten:

- Bruttolohn inklusive 13. Monatslohn oder Gratifikation (pro rata)
- Provisionen
- Allfällige Kost und Logis (sogenannter Naturallohn)
- Trinkgelder, von denen AHV- und ALV-Beiträge abgerechnet wurden
- Sitzungsgelder
- Regelmässige Zulagen, die auch während der Ferien ausgezahlt wurden

Nicht zum versicherten Verdienst gehören:

- Nach Aufwand abgerechnete Spesen
- Lohn für Überstunden, auch wenn darauf ALV-Beiträge abgerechnet wurden
- Familien- und Haushaltszulagen
- Dienstaltersgeschenke sowie Leistungen anlässlich besonderer Ereignisse (zum Beispiel bei Hochzeit)
- Tantiemen aus einem Verwaltungsratsmandat
- Nebenverdienst, der neben einem Vollpensum erzielt wird

sichert sind Löhne unter 500 Franken, zudem Nebenverdienste und Überstunden (siehe Kasten).

So wird das Taggeld berechnet

Der versicherte Verdienst wird auf den Tag umgerechnet: Monatslohn geteilt durch 21,7. Aus diesem Betrag errechnet sich das Taggeld, Sie erhalten:

- 80 Prozent, wenn Sie Unterhaltspflichten gegenüber Kindern unter 25 Jahren haben oder eine Invalidenrente beziehen, die einem Invaliditätsgrad von mindestens 40 Prozent entspricht, oder wenn Sie weniger als 3797 Franken monatlich verdient haben.
- 70 Prozent in allen anderen Fällen

JOSEF K. HAT VOR DER ARBEITSLOSIGKEIT monatlich 6100 Franken brutto verdient und jedes Jahr einen 13. Monatslohn erhalten. Er ist verheiratet und hat zwei Kinder. Sein Taggeld wird folgendermassen berechnet:

Jahreslohn 13 × Fr. 6100.—	Fr. 79 300.—
Umgerechnet auf 12 Monate	Fr. 6 608.35
Geteilt durch 21,7 = Tagesverdienst	Fr. 304.55
Davon 80 % = Taggeld	Fr. 243.60

Arbeitslose mit Kindern erhalten zudem einen Zuschlag, der den Familienzulagen gemäss den kantonalen Gesetzen entspricht. Allerdings nur dann, wenn die Zulagen nicht vom anderen Elternteil bezogen werden können.

Abzüge vom Arbeitslosengeld

Vom Bruttotaggeld (ohne Familienzulagen) abgezogen werden die «Arbeitnehmer»-Beiträge für AHV/IV, EO und Unfallversicherung (UVG). Dazu kommen Beiträge an die berufliche Vorsorge für die Absicherung der Risiken Tod und Invalidität (kein Alterssparen). Der gesamte Abzug beläuft sich auf zirka zehn Prozent des Taggelds.

Der versicherte Verdienst bleibt während der Rahmenfrist für den Leistungsbezug in der Regel unverändert. Wer innerhalb der Rahmenfrist eine Stelle findet und wieder arbeitslos wird, erhält das gleiche Taggeld wie während der ersten Arbeitslosigkeit. Geändert wird die Berechnung aber, wenn jemand während mindestens sechs Monaten eine Beschäftigung zu einem höheren Lohn ausgeübt hat und dann wieder arbeitslos wird.

Stimmt die Abrechnung?
Überprüfen Sie die Taggeldabrechnung der Arbeitslosenkasse genau. Für Laien ist es nicht immer ganz einfach, die Berechnungsweise zu verstehen. Fragen Sie nach, wenn Ihnen etwas unklar ist. Wurde bei der Berechnung auch kein Lohnbestandteil vergessen (etwa die Gratifikation oder Schichtzulage)? Wenn Sie unregelmässig gearbeitet haben, prüfen Sie, ob Ihr versicherter Verdienst höher wäre, wenn man statt auf die letzten sechs auf die letzten zwölf Monate abstellt.

Sollten Sie Unstimmigkeiten in der Abrechnung entdecken, legen Sie Ihre Berechnung der Kasse am besten schriftlich vor. Falls die Kasse nicht einlenkt, können Sie innert 90 Tagen seit der Zustellung der Abrechnung eine Verfügung verlangen und Einsprache erheben (mehr dazu auf Seite 169).

Taggeld auf der Basis von Pauschalansätzen

Wie auf Seite 95 ausgeführt, gibt es Situationen, in denen Arbeitslose Anspruch auf Leistungen haben, obwohl sie keine oder zu wenig Beiträge eingezahlt haben. In diesen Fällen kann das Taggeld nicht anhand eines tatsächlich erzielten Verdienstes berechnet werden. Es wird vielmehr auf (Tages-)Pauschalansätze abgestellt, die sich nach dem Ausbildungsstand richten. Die Ansätze betragen:

- 153 Franken für Personen mit Hochschul-, Fachhochschulabschluss oder gleichwertiger Ausbildung (sogenannte Tertiärstufe)
- 127 Franken für Personen mit Matura, Berufs- oder Anlehre (war der Lehrlingslohn höher, gilt dieser als Massstab)
- 102 Franken für alle übrigen über 20-Jährigen
- 40 Franken für unter 20-Jährige

Für kinderlose Personen unter 25 Jahren, die wegen Aus- oder Weiterbildung von der Beitragszeit befreit sind, sowie für Lehrabgänger, die direkt nach der Lehre stempeln, gilt nur der halbe Pauschalansatz (siehe auch Seite 155).

Als Taggeld ausgezahlt werden 80 Prozent des Pauschalansatzes. Zudem müssen besondere Wartezeiten eingehalten werden.

TIPP *Wenn Sie von der Beitragszeit befreit sind, kann die Taggeldberechnung recht kompliziert sein – vor allem, wenn Sie neben dem Befreiungsgrund (zum Beispiel einer Ausbildung) noch eine Teilzeitstelle hatten. Lassen Sie sich beraten.*

Wann kommt das Geld, wie lange wird es gezahlt?

Erfüllen Sie alle Voraussetzungen zum Bezug von Arbeitslosenentschädigung? Dann werden Sie in aller Regel dennoch ein paar Tage warten müssen, bis Sie das erste Geld erhalten. Je nach Situation gilt es, sogenannte allgemeine oder besondere Wartefristen zu bestehen.

Wartezeit heisst. Sie erhalten für die betreffenden Tage noch kein Arbeitslosentaggeld, obwohl Sie bereits beim RAV angemeldet sind und auch alle Voraussetzungen für den Bezug von Arbeitslosenentschädigung erfüllen müssen. Und Achtung: Bei diesen Wartefristen ist immer von Werktagen, nicht von Kalendertagen die Rede.

Die allgemeinen und die besonderen Wartefristen

Die **allgemeine Wartezeit** müssen Arbeitslose pro Rahmenfrist für den Leistungsbezug nur einmal bestehen. Dabei gelten folgende Wartefristen:

- **Keine Wartezeit:** Personen mit einem versicherten Verdienst von weniger als 36 000 Franken sowie Personen, die für Kinder unter 25 Jahren aufkommen und deren versicherter Verdienst maximal 60 000 Franken beträgt
- **5 Tage Wartefrist:** Personen, die für Kinder unter 25 sorgen müssen und deren versicherter Verdienst über 60 000 Franken liegt, sowie kinderlose Personen mit einem versicherten Verdienst zwischen 36 001 und 60 000 Franken
- **10 Tage:** Kinderlose Personen mit einem versicherten Verdienst zwischen 60 001 und 90 000 Franken
- **15 Tage:** Kinderlose Personen mit einem versicherten Verdienst zwischen 90 001 und 125 000 Franken
- **20 Tage:** Kinderlose Personen mit einem versicherten Verdienst über 125 000 Franken

Für bestimmte Personengruppen gelten zusätzlich zur allgemeinen Wartefrist noch **besondere Wartetage**:

- **120 Wartetage** für Personen, die wegen einer Schulausbildung, Umschulung oder Weiterbildung von der Erfüllung der Beitragszeit befreit sind. Junge Leute, die sich gleich im Anschluss an die obligatorische Schulpflicht arbeitslos melden, können während dieser Wartezeit an einem sogenannten Motivationssemester (siehe Seite 135) teilnehmen. Ausserdem können Versicherte während der Wartezeit ein Berufspraktikum absolvieren.
- **5 Wartetage** für alle übrigen Versicherten, die von der Erfüllung der Beitragszeit befreit sind

- **1 Wartetag** für Arbeitslose, die in einer Saisonstelle oder einer anderen Beschäftigung mit kurzen, häufig wechselnden Arbeitseinsätzen tätig waren (zum Beispiel Künstler, Journalistinnen). Der Wartetag muss nach jedem Einsatz bestanden werden, aber nur einmal pro Monat. Unter bestimmten Voraussetzungen entfällt der Wartetag, zum Beispiel, wenn der Einsatz mindestens ein Jahr gedauert hat.

Ohne Formular kein Geld

Das Taggeld wird nicht vom RAV, sondern von der Arbeitslosenkasse ausgezahlt. Diese können Sie frei wählen. Die Kasse zahlt die Taggelder für jeden Monat in der Regel im Lauf des Folgemonats aus. Sie erhalten eine schriftliche Abrechnung.

Damit Sie Ihr Taggeld erhalten, müssen Sie der Arbeitslosenkasse jeweils am Monatsende das Formular «Angaben der versicherten Person» einreichen. Falls Sie einen Zwischenverdienst ausgeübt haben, braucht es auch eine Bescheinigung darüber (mehr zum Zwischenverdienst lesen Sie auf Seite 125). Ohne diese Dokumente erhalten Sie kein Geld.

ACHTUNG *Der Anspruch auf Arbeitslosenentschädigung erlischt, wenn Sie ihn nicht innerhalb von drei Monaten geltend machen.*

So viele Taggelder stehen Ihnen zu

Wie lange Sie Arbeitslosenentschädigung beziehen können, hängt in erster Linie von Ihrem Alter und Ihrer Beitragszeit ab. Sie können maximal folgende Anzahl Taggelder beziehen:

- Höchstens **90 Taggelder**, wenn Sie von der Erfüllung der Beitragszeit befreit sind
- Höchstens **200 Taggelder**, wenn Sie unter 25 Jahre alt sind und keine Unterhaltspflichten gegenüber Kindern haben
- Höchstens **260 Taggelder**, wenn Sie eine Beitragszeit von mindestens 12, aber weniger als 18 Monaten nachweisen können
- Höchstens **400 Taggelder**, wenn Sie eine Beitragszeit von mindestens 18 Monaten nachweisen können
- Höchstens **520 Taggelder**, wenn Sie eine Beitragszeit von mindestens 22 Monaten nachweisen können und
  a) das 55. Altersjahr zurückgelegt haben oder
  b) eine Invalidenrente beziehen, die einem Invaliditätsgrad von mindestens 40 Prozent entspricht
- Höchstens **640 Taggelder**, wenn Sie in den letzten vier Jahren vor Erreichen des AHV-Alters arbeitslos werden und mindestens 22 Monate Beitragszeit mitbringen. Haben Sie weniger als 22, aber mehr als 18 Beitragsmonate, erhalten Sie 520 Taggelder.

ACHTUNG *Es kann vorkommen, dass die Rahmenfrist abläuft, obwohl Sie noch nicht alle Ihnen zustehenden Taggelder erhalten haben. Dann verfallen die noch nicht bezogenen Taggelder. Dies gilt auch dann, wenn eine neue Rahmenfrist eröffnet wird.*

Wann zahlt die Kasse?

Die Arbeitslosenkasse zahlt das Ihnen zustehende Taggeld erst aus, wenn der Abrechnungsmonat abgeschlossen ist. Das heisst, dass zum Beispiel die Entschädigung für Januar erst Anfang Februar bei Ihnen eintrifft. Eine Wartezeit von einer Woche bis zehn Tage über das Monatsende hinaus ist normal. Sollte es zu längeren Verzögerungen kommen, fragen Sie am besten bei der Kasse nach. Überprüfen Sie, ob Sie alle nötigen Unterlagen eingereicht haben!

Ist grundsätzlich geklärt, dass Sie Anspruch auf Arbeitslosentaggeld haben, kommt es aber trotzdem zu irgendwelchen Verzögerungen, können Sie einen **Vorschuss** verlangen. Ein solcher muss immer gewährt werden, wenn Sie Antrag auf Arbeitslosenentschädigung gestellt haben, die allgemeinen Voraussetzungen für den Bezug von Taggeldern erfüllen und glaubhaft machen, dass Sie auf das Geld angewiesen sind. Der Vorschuss beträgt höchstens 80 Prozent des geschätzten Taggelds für die bisherige kontrollierte Arbeitslosigkeit. Verzugszinsen für verspätete Zahlungen sind grundsätzlich nicht geschuldet. Eine Ausnahme besteht, wenn seit der Fälligkeit 24 Monate verstrichen sind.

Der Anspruch auf «Stempelferien»

Auch Arbeitslose haben ein Recht, auszuspannen und sich ein paar Tage von der anstrengenden Stellensuche zu erholen. Allerdings sind die Auszeiten an klare Bedingungen geknüpft. Pro 60 Tage kontrollierter Arbeitslosigkeit (inklusive Einstell- und Wartetage) haben Sie Anspruch auf eine Woche Ferien, das heisst auf fünf aufeinanderfolgende kontrollfreie Tage. Während dieser Tage müssen Sie nicht vermittlungsfähig sein, Sie müssen keine Bewerbungen schreiben und auch nicht jederzeit einsatzbereit sein. Trotzdem erhalten Sie das volle Taggeld.

Ihre Ferien müssen Sie wochenweise beziehen – also in Blöcken à fünf Tagen. Sie können sie auch aufsparen und zum Beispiel für zwei Wochen am Stück wegfahren. Aber: Nicht bezogene Ferientage verfallen, wenn Sie eine neue Stelle antreten oder die Rahmenfrist abgelaufen ist. Ferienansprüche lassen sich nicht auf eine allfällige neue Rahmenfrist übertragen. Auch eine Barauszahlung ist nicht möglich.

Wenn Sie Ihre «Stempelferien» beziehen wollen, müssen Sie dies spätestens 14 Tage im Voraus dem RAV melden. Ein Vorbezug von noch nicht erworbenen kontrollfreien Tagen ist unzulässig. «Unbezahlte Ferien», während derer Sie keine Arbeitslosenentschädigung erhalten, sind grundsätzlich möglich. Auch derartige Abwesenheiten müssen Sie im Voraus mit dem RAV absprechen.

Ausgesteuert: das Ende der Zahlungen

Die Zeit, in der man Arbeitslosentaggeld erhält, ist beschränkt. Wer den Anspruch ausgeschöpft hat, kann erst wieder stempeln und Taggelder beziehen, wenn er oder sie neue Beitragszeiten erworben hat.

Wann ist man ausgesteuert?

Wenn Sie alle Ihnen zustehenden Taggelder bezogen haben (siehe Seite 105), erhalten Sie keine weiteren Leistungen der Arbeitslosenversicherung: Sie sind ausgesteuert.

Das Gleiche gilt, wenn Ihre Rahmenfrist für den Leistungsbezug abgelaufen ist und Sie die Voraussetzungen für eine neue Rahmenfrist nicht erfüllen. Taggelder, die Sie dann noch nicht bezogen haben, verfallen, ebenso noch offene Ansprüche auf «Stempelferien». Auch Weiterbildung wird nicht mehr finanziert.

Wer ausgesteuert ist, kann aber beim RAV gemeldet bleiben und weiterhin von der Stellenvermittlung profitieren. Unter Umständen wird das Sozialamt dies von Ihnen verlangen, wenn Sie nach der Aussteuerung auf Sozialhilfe angewiesen sind.

Neue Rahmenfrist möglich?

Haben Sie während Ihrer ersten Rahmenfrist Zwischenverdienste erzielt (siehe Seite 125), erfüllen Sie möglicherweise die Voraussetzungen für die Eröffnung einer neuen Rahmenfrist. Dies ist dann der Fall, wenn Sie in den vergangenen zwei Jahren während mindestens zwölf Monaten einer beitragspflichtigen Beschäftigung nachgegangen sind. Achtung: Es wird sehr genau nachgerechnet, ob Sie die zwölf Monate tatsächlich erreicht haben. Fehlt auch nur ein Tag, ist die Beitragszeit nicht erfüllt und Sie erhalten keine neue Rahmenfrist (zur Berechnung siehe Seite 93).

Wird eine neue Rahmenfrist eröffnet, wird auch Ihr Taggeld neu berechnet. Als versicherter Verdienst gilt dann der in der alten Rahmenfrist erzielte Zwischenverdienst.

ACHTUNG *Ausgesteuerte sind nicht mehr automatisch gegen Unfall versichert. Auch können Lücken bei der AHV entstehen. Überprüfen Sie Ihren Versicherungsschutz. Die Ausführungen auf Seite 78 helfen Ihnen dabei.*

Der Anspruch auf Sozialhilfe

Wenn Sie Ihren Taggeldanspruch ausgeschöpft haben und dadurch in finanzielle Not geraten, können Sie Sozialhilfe beziehen. Dabei handelt es sich nicht um Almosen, sondern um einen Anspruch, der in der Bundesverfassung verankert ist: «Wer in Not gerät und nicht in der Lage ist, für sich zu sorgen, hat Anspruch auf Hilfe und Betreuung und auf die Mittel, die für ein menschenwürdiges Dasein unerlässlich sind.» (Art. 12 BV) Scheuen Sie sich also nicht, diese Hilfe in Anspruch zu nehmen.

Die Sozialhilfe ist in kantonalen Gesetzen geregelt. Daneben gibt es die Richtlinien der Schweizerischen Konferenz für Sozialhilfe (SKOS), die in den meisten Kantonen eingehalten werden. Die finanzielle Unterstützung beantragen Sie beim Sozial- oder Fürsorgeamt Ihres Wohnorts. Vereinbaren Sie telefonisch einen Termin und fragen Sie nach den Unterlagen, die Sie mitbringen müssen.

Rechnen Sie mit Wartezeiten, bis die Ihnen zustehenden Leistungen ausgezahlt werden. Nehmen Sie aber auf keinen Fall Kredite auf, um Ihre Geldknappheit zu überbrücken. Das Sozialamt übernimmt keine Schulden.

5

Das Ziel: eine neue Stelle

Die Zusammenarbeit mit dem RAV

Ein neuer Job, finanzielle Sicherheit – das ist das erklärte Ziel der meisten Arbeitslosen. Dass Sie alles unternehmen, um möglichst rasch eine neue Stelle zu finden, erwartet auch die Arbeitslosenversicherung. Dabei gelten strenge Regeln.

Die Stellensuche ist nun Ihr Hauptjob. Am besten planen Sie täglich fixe Zeiten ein, in denen Sie sich um Ihre Bewerbungen kümmern. Suchen Sie möglichst breit und sammeln Sie Informationen – über Betriebe, die für Sie infrage kommen, über neue Berufsfelder und Weiterbildungsmöglichkeiten. Aktivieren Sie Ihre Kontakte zu Berufskollegen und holen Sie Rat, wenn es schon länger her ist, dass Sie sich das letzte Mal beworben haben.

Stellensuche – das wird von Ihnen verlangt

Sie möchten eine Stelle finden, die möglichst gut Ihren Fähigkeiten und Neigungen entspricht. Die Versicherung hat eine andere Optik und verlangt von Ihnen, dass Sie die Zeit der Erwerbslosigkeit so kurz wie möglich halten. Daraus ergeben sich verschiedene Konsequenzen:

- Sie müssen intensiv nach einer neuen Stelle suchen, und zwar bereits während der Kündigungsfrist. Pro Monat werden zehn bis zwölf Bewerbungen erwartet.
- Sie müssen grundsätzlich jede zumutbare Stelle annehmen. Es besteht kein Recht, auf die Traumstelle zu warten oder individuelle Karrierewünsche zu realisieren.

- Je dünner gesät die Stellen in Ihrem Beruf sind und je länger Ihre Arbeitslosigkeit schon andauert, umso eher müssen Sie auch berufsfremde Arbeit akzeptieren.
- Wenn das RAV Ihnen eine Stelle zuweist, müssen Sie sich darum bewerben – auch wenn sie nicht Ihren Wünschen entspricht.
- Ihre Bewerbungen müssen Sie belegen. Vom RAV erhalten Sie das Formular «Nachweis der persönlichen Arbeitsbemühungen», das Sie spätestens am fünften Tag des folgenden Monats ausgefüllt abgeben müssen. Eine Nachfrist wird nicht eingeräumt. Haben Sie die Abgabefrist ohne entschuldbaren Grund nicht eingehalten, können Einstelltage verhängt werden – selbst wenn Sie die Stellenbemühungen später noch nachreichen.

BUCHTIPP

Wie Sie bei der Stellensuche am besten vorgehen, wie Sie ein effektvolles Bewerbungsdossier gestalten und wie Sie Vorstellungsgespräche meistern, erfahren Sie im Beobachter-Ratgeber **Stellensuche mit Erfolg. So bewerben Sie sich richtig.**
www.beobachter.ch/buchshop

Was Sie von Ihrem Berater erwarten dürfen

Immer wieder beklagen sich Arbeitslose gegenüber dem Beobachter, das RAV habe für sie auch keine passenden Stellen finden können. Hier liegt ein grundsätzliches Missverständnis vor. Das RAV steht zwar in engem Kontakt mit Arbeitgebern, und die Berater können deshalb ihre Schützlinge rasch über offene Stellen informieren und sie auffordern, sich zu bewerben. Das RAV ist jedoch keine Stellenvermittlung, die aktiv einen Job für Sie sucht. In erster Linie ist es an Ihnen, alles zu unternehmen, um eine neue Aufgabe zu finden. Suchen Sie auf möglichst vielen Kanälen: über Inserate, Internet, private Stellenvermittler. Fragen Sie in Ihrem Bekanntenkreis herum und nutzen Sie auch die Möglichkeiten der Social Media, vor allem der Business-Netzwerke Xing und LinkedIn.

So profitieren Sie vom Wissen im RAV

Erwarten dürfen Sie vom RAV aktive Unterstützung bei den folgenden Schritten:

- Ihre RAV-Beraterin wird mit Ihnen gemeinsam eine berufliche Situationsanalyse erstellen – als Grundlage für eine erfolgreiche Wiedereingliederung in den Arbeitsmarkt. Reden Sie offen über Ihre Ziele und Wünsche, verschweigen Sie aber auch Probleme nicht, zum Beispiel veraltetes Fachwissen oder familiäre Belastungen. Nur wenn Ihre Beraterin Sie gut kennt und richtig einschätzen kann, wird sie sinnvolle Massnahmen vorschlagen.
- Anhand der Standortbestimmung erarbeiten Sie gemeinsam mit Ihrer Beraterin einen detaillierten persönlichen Aktionsplan.
- Die RAV-Berater haben ein breites Wissen über den Stellenmarkt, moderne Bewerbungstechniken und die Angebote der Arbeitslosenversicherung. Profitieren Sie davon, indem Sie sich auf die Gespräche gut vorbereiten und viele Fragen stellen. Das gilt vor allem in Zeiten hoher Arbeitslosigkeit, wenn die Berater chronisch überlastet sind. Je aktiver Sie wichtige Informationen abholen, umso höheren Nutzen ziehen Sie aus den Beratungsgesprächen.
- Oft gilt es auch, bisherige Strategien kritisch zu hinterfragen und neue Wege einzuschlagen. Die Arbeitslosenversicherung bietet nicht nur finanzielle Unterstützung, sondern bezahlt auch Kurse und andere Eingliederungsmassnahmen. Ihre Beraterin wird Sie über die verschiedenen Möglichkeiten informieren. Machen Sie aber auch eigene Vorschläge (mehr dazu auf Seite 132).

Doppelfunktion der Berater

Beachten Sie, dass die RAV-Berater eine Doppelfunktion haben. Sie bieten nicht nur Unterstützung, sondern müssen auch darauf achten, dass Sie sich während Ihrer Arbeitslosigkeit an die gesetzlichen Bestimmungen halten. Was Sie bei Konflikten mit dem Berater tun können, erfahren Sie auf Seite 170.

Streitpunkt Vermittlungsfähigkeit

Arbeitslose sind nicht nur verpflichtet, intensiv nach einer neuen Stelle zu suchen – sie müssen auch bereit und in der Lage sein, eine solche Stelle anzutreten. Im Fachjargon: Sie müssen vermittlungsfähig sein. Das klingt banal. Wie so oft steckt der Teufel jedoch im Detail; die Frage der Vermittlungsfähigkeit beschäftigt die Gerichte immer wieder.

Die Vermittlungsfähigkeit hat nichts mit dem Angebot auf dem Arbeitsmarkt oder der wirtschaftlichen Lage zu tun. Eine Schwangere im siebten Monat dürfte kaum Chancen haben, eine Stelle zu finden. Wenn sie jedoch voll arbeitsfähig ist und sich eifrig bewirbt, ist sie vermittlungsfähig. Das Gleiche gilt für ungelernte Berufstätige in Rezessionszeiten. Solange sie alles unternehmen, um eine Arbeit zu finden, gelten sie als vermittlungsfähig, auch wenn sie eine Absage nach der anderen kassieren.

Genügend qualitativ hochstehende Bewerbungen

Arbeitslose müssen die Bereitschaft mitbringen, tatsächlich wieder zu arbeiten. Dass Sie dies tun, zeigen Sie mit möglichst zahlreichen, ernsthaften Bemühungen um eine neue Stelle. Ungenügende Bemühungen über längere Zeit deuten auf mangelnde Vermittlungsbereitschaft hin – ebenso wiederholtes Ablehnen von zumutbarer Arbeit oder die Weigerung, an Eingliederungsmassnahmen teilzunehmen. Dasselbe gilt, wenn jemand schludrige Bewerbungen verschickt. Oder wenn eine Stellenlose an Vorstellungsgesprächen ungepflegt, desinteressiert oder mit überrissenen Forderungen auftritt und so die Chancen auf eine Anstellung schmälert.

Sind Ihre Stellenbemühungen ungenügend, müssen Sie mit Taggeldkürzungen rechnen (siehe Seite 166). Lehnen Sie mehrmals eine zumutbare Stelle ab, wird Ihre Vermittlungsfähigkeit und damit Ihr Anspruch auf Arbeitslosenentschädigung gänzlich infrage gestellt.

EIN ARBEITSLOSER WURDE SIEBEN MONATE nacheinander wegen ungenügender Stellenbemühungen mit Einstelltagen bestraft. Im achten Monat verfügte die kantonale Amtsstelle, er sei nicht vermittlungsfähig und habe keinen Anspruch auf Arbeitslosenentschädigung mehr, da er trotz der wiederholten Sanktionierungen pro Monat jeweils nur ein bis zwei Arbeitsbemühungen habe nachweisen können. Das Argument des Arbeitslosen, er sei bei der Stellensuche behindert, da er aus psychischen Gründen keine Spontanbewerbungen vornehmen könne, fand beim Bundesgericht kein Gehör (Urteil 8C_480/2014 vom 11.8.2014).

INFO *Sie müssen bereit sein, eine Stelle anzutreten, die Ihrem Arbeitsausfall und Ihrem Taggeld entspricht, Wenn Sie eine 80-Prozen-Stelle verloren haben, genügt es nicht, dass Sie sich nur um 50-Prozent-Stellen bewerben. Wollen Sie nur noch halbtags arbeiten, wird auch Ihr Taggeld entsprechend reduziert.*

Arbeitsfähig und verfügbar

Arbeitslose müssen gesundheitlich in der Lage sein, eine zumutbare Arbeit auszuführen (siehe auch Seite 96). Ausländerinnen und Ausländer brauchen eine gültige Arbeitserlaubnis. Zur Arbeitsfähigkeit gehört aber auch die örtliche und zeitliche Verfügbarkeit.

Können Sie aus persönlichen oder familiären Gründen nur zu ungewöhnlichen Zeiten arbeiten – zum Beispiel nur abends und am Wochenende –, ist ihre Vermittlungsfähigkeit infrage gestellt. Entscheidend ist dann, ob es in Ihrem Beruf Stellen gibt, die diesen Bedürfnissen entsprechen. Eine Serviceangestellte in der Stadt dürfte unter diesen Umständen vermittlungsfähig sein, ein Finanzbuchhalter eher nicht.

AUGUST E. ARBEITETE 25 STUNDEN PRO WOCHE bei einer Firma als angestellter Reinigungsmann. Daneben war er für fünf Firmen als freiberuflicher Hauswart tätig und führte ein eigenes Reinigungsinstitut. Für diese selbständigen Tätigkeiten setzte er etwa 100 Stunden im Monat ein. Als er seinen Arbeitsplatz als Reinigungsmann verlor, meldete er sich bei der Arbeitslosenversicherung. Das Bundesgericht verneinte seine Vermittlungsfähigkeit. Sein Spielraum sei deutlich begrenzt; er könne nur Stellen annehmen, die punkto Arbeitszeit zu seinen übrigen Tätigkeiten passten. Er könne also seine Arbeitskraft gar nicht so einsetzen, wie es ein Arbeitgeber normalerweise verlangt.

Eltern, aufgepasst!
Arbeitslose mit Kindern müssen für den Arbeitsmarkt genauso verfügbar sein und die gleichen Bedingungen erfüllen wie alle anderen Personen. Wenn Sie also zum Beispiel eine 50-Prozent-Stelle suchen, müssen Sie die Betreuung Ihrer Kinder so organisieren, dass Sie eine solche Arbeit tatsächlich annehmen können. In Zweifelsfällen kann die zuständige Amtsstelle einen Betreuungsnachweis verlangen.

Schon anderweitig disponiert?

Stehen Sie kurz vor einem Sprachaufenthalt oder einem längeren Militärdienst und können daher nur noch für kurze Zeit eine Beschäfti-

VERMITTLUNGSFÄHIGKEIT IN SPEZIELLEN SITUATIONEN

Für Personen, die nicht im Rahmen einer konventionellen Vollzeitstelle ihr Geld verdienen, gelten punkto Vermittelbarkeit Sonderregeln:

- **Teilweise Arbeitslose** müssen mindestens eine 20-Prozent-Stelle suchen, um vermittlungsfähig zu sein.
- **Heimarbeitende,** die ihre Stelle verlieren, müssen bereit sein, eine Stelle ausser Haus anzunehmen. Ausnahmen gibt es nur, wenn jemand schwer pflegebedürftige Personen betreut, sowie aus gesundheitlichen Gründen. Dass man Kinder hat, genügt nicht.
- Eine versicherte Person, die vor der Arbeitslosigkeit für eine **Temporärfirma** tätig war oder befristete Aushilfsstellen hatte, gilt nur dann als vermittlungsfähig, wenn sie bereit und in der Lage ist, eine Dauerstelle anzunehmen.
- Auch **Saisonarbeiter,** die arbeitslos werden, müssen bereit sein, eine Dauerstelle anzunehmen.

gung suchen? Oder haben Sie einen neuen Job gefunden, den Sie aber erst in zwei Monaten antreten können? In solchen Fällen stellt sich die Frage nach der Vermittlungsfähigkeit. Kann man in der verbleibenden Zeit überhaupt noch Arbeitslosentaggeld beziehen?

Wer dem Arbeitsmarkt für weniger als drei Monate zur Verfügung steht, gilt in der Regel nicht als vermittlungsfähig. Jeder Einzelfall muss aber separat beurteilt werden. Entscheidend ist, ob eine gewisse Wahrscheinlichkeit besteht, dass diese Person für die kurze Zeit eingestellt würde. Eine Rolle spielen dabei die gesuchte Arbeit, die konjunkturelle Lage sowie weitere objektive und subjektive Umstände.

ALS NICHT VERMITTELBAR GALT ein Arbeitnehmer, der seine Stelle per 30. Juni kündigte und vom 30. August bis 12. Dezember eine Sprachschule absolvierte. Die für eine

Vermittlung zur Verfügung stehende Zeit von acht Kalenderwochen und drei Arbeitstagen war zu kurz, um eine Anstellung zu finden (BGE 126 V 520).

VERMITTLUNGSFÄHIG WAR HINGEGEN ein Schreiner, der am 9. August 2002 die Lehre beendete und anschliessend in verschiedenen Stellen bis zum 12. Dezember 2003 arbeitete. Am 16. Dezember meldete er sich arbeitslos und gab gleichzeitig bekannt, dass er am 15. März 2004 in die RS einrücken müsse. Die Arbeitslosenkasse stufte ihn als nicht vermittlungsfähig ein, obwohl er vom 19. Januar bis 29. Februar eine Temporärstelle fand. Die höheren Instanzen korrigierten den Entscheid. Ausschlaggebend war dabei nicht die Tatsache, dass der Schreiner in der fraglichen Zeit eine Stelle gefunden hatte. Ins Gewicht fiel vor allem, dass er nach der Lehre in verschiedenen, meist temporären Arbeitsverhältnissen auch ausserhalb seines gelernten Berufs tätig gewesen war und sich dabei sehr flexibel gezeigt hatte. Damit waren seine Chancen auf eine kurzfristige Anstellung relativ gut. Zudem stand er immerhin drei Monate zur Verfügung (Urteil des Bundesgerichts C 56/05 vom 6.7.2005).

Demnächst eine neue Stelle

Und wenn ein Arbeitsloser bereits eine neue Stelle gefunden hat, diese aber nicht sofort antreten kann? Solche Personen gelten bis zum Stellenantritt grundsätzlich als vermittlungsfähig. Sie sind jedoch verpflichtet, alles Zumutbare zu unternehmen, um die verbleibende Arbeitslosigkeit zu vermeiden oder zu verkürzen (Urteil des Bundesgerichts C 228/01 vom 18.6.2002).

Im letzten Monat vor Antritt einer Stelle werden in der Regel keine weiteren Bewerbungen mehr verlangt. So erhielt ein Arbeitsloser, der zwei Wochen vor Stellenantritt noch in die Ferien ging, in dieser Zeit trotzdem sein Taggeld (Urteil des Bundesberichts C 25/03 vom 9.3.2004).

Welche Stellen sind zumutbar?

Viele Arbeitslose empfinden es als Schikane, wenn sie sich um Stellen bewerben müssen, die sie gar nicht wollen oder höchstens als Notlösung akzeptieren können.

Immerhin: Zu Beginn der Arbeitslosigkeit wird man Sie kaum zwingen, einen Job zu akzeptieren, der Ihren Neigungen in keiner Weise entspricht. Schliesslich wollen auch die RAV-Berater nicht, dass Sie in einem halben Jahr wieder vor der Tür stehen. Je länger Sie jedoch arbeitslos sind, umso mehr wird der Druck steigen, auch ungeliebte Tätigkeiten und solche ausserhalb Ihres Berufs zu akzeptieren. Doch auch hier gibt es Grenzen. Das Arbeitslosenversicherungsgesetz definiert, was zumutbar ist und was nicht.

Anständige Lohn- und Arbeitsbedingungen

Nicht annehmen müssen Sie eine Stelle, die nicht die orts- und berufsüblichen Lohn- und Arbeitsbedingungen bietet oder bei der Sie wesentlich schlechter gestellt sind als die anderen Mitarbeiter im Betrieb. Eine Akademikerin mit Berufserfahrung muss zum Beispiel nicht für einen Hungerlohn als Praktikantin jobben. Was als orts- und berufsüblich gilt, richtet sich in erster Linie nach den Gesamtarbeitsverträgen in den jeweiligen Branchen.

Sie sind auch nicht verpflichtet, eine Arbeit in einem Betrieb anzunehmen, in dem gerade wegen Streiks und anderer kollektiver Konflikte gar nicht normal gearbeitet wird. Das Gleiche gilt, wenn ein Betrieb Mitarbeiter entlassen hat, um Neu- oder Wiedereinstellungen

ARBEIT AUF ABRUF

Arbeit auf Abruf, bei der Sie sich ständig für einen Einsatz bereithalten müssen, ohne dass Sie eine Garantie auf tatsächliche Beschäftigung haben, ist nicht zumutbar. Denn sie verunmöglicht es Ihnen, in der freien Zeit eine andere Arbeit anzunehmen. Zumutbar ist Abrufsarbeit allerdings dann, wenn Sie jeweils frei entscheiden können, ob Sie ein Arbeitsangebot annehmen wollen oder nicht.

zu wesentlich schlechteren Arbeitsbedingungen vorzunehmen. Damit soll verhindert werden, dass Betriebe Personal entlassen, um billigere Arbeitslose zu beschäftigen.

Aber: Nicht als Verschlechterung der Arbeitsbedingungen gilt es, wenn ein Arbeitgeber Beschäftigungsgrad und Lohn im gleichen Umfang kürzt bzw. wenn die effektive Lohnkürzung nicht mehr ausmacht als 20 Prozent.

Stelle zu einem tieferen Lohn?

Anders präsentiert sich die Situation, wenn eine Arbeit zwar berufsüblich bezahlt ist, der Lohn aber trotzdem tiefer liegt als Ihr bisheriges Einkommen bzw. Ihr versicherter Verdienst – zum Beispiel, weil Sie neu keine Führungsfunktion mehr innehaben.

Hier werden von der Arbeitslosenversicherung zwei Situationen unterschieden:

- Der tiefere Lohn liegt über Ihrem Arbeitslosentaggeld. Dann gilt die Stelle – zumindest punkto Lohn – als zumutbar. Sie müssen sie annehmen und gelten nicht mehr als arbeitslos.
- Der neue Lohn ist tiefer als das Taggeld. Auch eine solche Arbeit müssen Sie annehmen, können sie jedoch als Zwischenverdienst deklarieren. Dann erhalten Sie Ausgleichszahlungen der Arbeitslosenkasse (mehr dazu auf Seite 126).

INFO *Über berufsübliche Löhne können Sie sich unter folgenden Links informieren:*
- *www.beobachter.ch/lohnvergleich*
- *www.lohnrechner.ch*
- *www.salarium.bfs.admin.ch*
- *www.roberthalf.ch/gehaltsrechner*

Rücksicht auf die beruflichen Fähigkeiten

Nicht zumutbar ist eine Arbeit, «wenn sie nicht angemessen auf die Fähigkeiten oder auf die bisherige Tätigkeit des Versicherten Rücksicht nimmt». Diese Bestimmung ist allerdings keine Garantie, dass Sie nur Tätigkeiten in Ihrem angestammten Beruf annehmen müssen. Angemessen heisst: Je schwieriger die Wirtschaftslage ist und je länger Sie arbeitslos sind, umso eher kann man von Ihnen verlangen, dass Sie auch eine berufsfremde Arbeit akzeptieren oder einen beruflichen Abstieg in Kauf nehmen.

Eine Arbeit ist unzumutbar, wenn sie die Wiederbeschäftigung der arbeitslosen Person in ihrem Beruf wesentlich erschwert. Dabei geht es hauptsächlich um Berufe, die ständiges Üben oder fachliches Am-Ball-Bleiben erfordern. Doch auch hier gilt: Je kleiner die Chancen werden, im eigenen Beruf eine Stelle zu finden, umso eher muss man auch andere Tätigkeiten annehmen.

ACHTUNG *Für junge Arbeitslose unter 30 ist von Anfang an auch berufsfremde Arbeit zumutbar – auch wenn sie nicht angemessen Rücksicht nimmt auf ihre Fähigkeiten und ihre bisherige Tätigkeit,*

Rücksicht auf Alter, Familiensituation und Gesundheit

Eine Arbeit ist unzumutbar, wenn sie dem Alter, den persönlichen Verhältnissen oder dem Gesundheitszustand der versicherten Person nicht angemessen ist. Sie müssen also keine Arbeit annehmen, die Ihre Gesundheit gefährdet oder Sie generell überfordert. Mit persönlichen Verhältnissen sind der Zivilstand, die Mobilität und auch Betreuungspflichten gegenüber Angehörigen gemeint. Von Müttern wird allerdings erwartet, dass sie ihre Kinder fremdbetreuen lassen, um ausser Haus arbeiten zu können. Nicht zumutbar wäre aber eine Arbeit, die häufige längere Geschäftsreisen erfordert.

TIPP *Wenn Sie eine Arbeit aus gesundheitlichen Gründen ablehnen, brauchen Sie ein Arztzeugnis. Bitten Sie den Arzt um eine detaillierte Schilderung der Tätigkeiten, die Sie nicht mehr ausüben können. Doch aufgepasst: Wenn Sie allzu viele gesundheitliche Vorbehalte anbringen, gelten Sie womöglich nicht mehr als vermittlungsfähig* *(siehe Seite 116)**.*

Zumutbarer Arbeitsweg

Einen Arbeitsweg von mehr als vier Stunden täglich müssen Sie nicht akzeptieren. Anders gesagt: Auswärtige Arbeitsplätze sind grundsätzlich zumutbar, wenn der Hin- und der Rückweg von Tür zu Tür mit öffentlichen Verkehrsmitteln je höchstens zwei Stunden beträgt.

Allerdings spielen hier auch Ihr Beruf und Ihre persönlichen Verhältnisse eine Rolle. Spezialisierte Fachleute, für die es in der Schweiz eher wenig Stellen gibt, müssen weitere Arbeitswege in Kauf nehmen als etwa eine Coiffeuse oder ein Schreiner. Und ein Single muss weiter pendeln als eine Mutter mit Kleinkindern.

Wenn Ihnen eine unerwünschte Stelle zugewiesen wird

Wird Ihnen eine Stelle zugewiesen, die nach den oben genannten Kriterien zumutbar ist, müssen Sie sie grundsätzlich annehmen. Eine Einsprachemöglichkeit gibt es nicht – auch wenn Sie anderer Meinung sind als Ihre RAV-Beraterin.

Lehnen Sie die Stelle ab, müssen Sie mit Einstelltagen rechnen – also mit der Streichung von Taggeldern. Diese Einstelltage werden Ihnen in einer Verfügung mitgeteilt. Erst gegen diese Verfügung können Sie sich mit einer Einsprache wehren und darin darlegen, aus welchen (guten) Gründen Sie die Stelle abgelehnt haben (mehr zur Einsprache auf Seite 166).

Aber Achtung: Sie brauchen stichhaltige Argumente, denn es gelten strenge Massstäbe. Denken Sie also daran, dass auch eine auf den ersten Blick wenig attraktive Stelle Chancen bietet. Sie bleiben im Arbeitsprozess, knüpfen neue Kontakte, sammeln Erfahrungen. Nicht immer lohnt sich der Machtkampf mit der Versicherung.

TIPP *Wenn Sie einer zugewiesenen Stelle überhaupt keinen Sinn abgewinnen können, erklären Sie im Vorstellungsgespräch am besten, dass Sie die Stelle zwar gern annehmen, dies für Sie aber nur ein temporäres Engagement wäre: Sie würden Ihr Bestes geben, sich aber weiterhin auf dem Arbeitsmarkt umsehen. Das ist offen und ehrlich, niemand kann Ihnen daraus einen Strick drehen. Falls der Arbeitgeber Sie trotzdem anstellen will, müssen Sie sich natürlich wirklich so verhalten und neben Ihrer neuen Arbeit eine Stelle suchen.*

Zwischenverdienste lohnen sich

Gerade in wirtschaftlich schwierigen Zeiten ist es nicht einfach, eine neue Dauerstelle zu ergattern. Mitunter lassen sich auf die Schnelle nur wenig lukrative Übergangslösungen finden – Zwischenverdienste eben. Das klingt nicht sehr attraktiv, kann sich aber durchaus lohnen.

Als Zwischenverdienst gelten alle Jobs, die Sie während der Arbeitslosigkeit annehmen und die einen Lohn einbringen, der tiefer liegt als Ihr Taggeld. Sobald Sie gleich viel oder mehr verdienen, handelt es sich nicht um einen Zwischenverdienst, sondern um eine zumutbare Arbeit. Sie gelten dann nicht mehr als arbeitslos.

Was gilt als Zwischenverdienst?

Zwischenverdienste können Voll- oder Teilzeitjobs sein. Auch Einkünfte aus selbständiger Erwerbstätigkeit gelten als Zwischenverdienst, sofern es sich um eine vorübergehende Lösung handelt und Sie sich weiterhin intensiv um eine Anstellung bemühen. Wollen Sie dauerhaft selbständig werden, gelten andere Regeln (siehe Seite 137).

Hatten Sie zwei oder mehrere Teilzeitstellen inne und verlieren Sie eine davon, werden die verbleibenden Einkommen als Zwischenverdienst berücksichtigt. Als versicherter Verdienst gilt dann das vor der Teilarbeitslosigkeit erzielte Gesamteinkommen.

VERA F. HAT ZWEI TEILZEITSTELLEN. Bei der Firma A. arbeitet sie 60 Prozent und verdient 5400 Franken. Bei Arbeitgeber B. hat sie ein 40-Prozent-Pensum mit einem Salär von

2800 Franken. Nun verliert sie die Stelle bei der Firma A. Der versicherte Verdienst von Frau F. beträgt 8200 Franken. Die 2800 Franken aus dem verbleibenden 40-Prozent-Job werden als Zwischenverdienst angerechnet.

Ein Nebenjob, den Sie schon vor der Arbeitslosigkeit neben Ihrem Vollzeit-Haupterwerb hatten und nun im gleichen Umfang weiterführen, gilt nicht als Zwischenverdienst. Wenn Sie diesen Job aber während der Arbeitslosigkeit ausdehnen, gilt das zusätzliche Einkommen als Zwischenverdienst. Nicht als Zwischenverdienst eingestuft wird eine Tätigkeit, die Bestandteil einer Aus- oder Weiterbildung ist (zum Beispiel ein Anwaltspraktikum).

ACHTUNG *Werden Sie von Ihrem Arbeitgeber entlassen und dann innerhalb eines Jahres zu schlechteren Bedingungen wieder eingestellt – gleiches Pensum bei tieferem Lohn oder kleineres Pensum bei überproportional tieferem Lohn –, können Sie dies nicht als Zwischenverdienst anmelden. Ein solches Arbeitsangebot gilt als unzumutbar (siehe Seite 120). Sie können es ablehnen, ohne Sanktionen der Arbeitslosenkasse befürchten zu müssen.*

Mehr Geld im Portemonnaie

Ein Zwischenverdienst lohnt sich aus mehreren Gründen: Sie bleiben im Erwerbsprozess eingebunden, können neue Beitragszeiten erwerben (siehe Seite 128) und vor allem: Sie haben dank des Überbrückungsjobs am Ende des Monats mehr Geld im Portemonnaie, als wenn Sie nur stempeln würden. Arbeitslose, die einen Zwischenverdienst annehmen, erhalten von der Arbeitslosenkasse sogenannte **Kompensationszahlungen.** Das heisst, die Kasse zahlt 70 bzw. 80

Prozent der Differenz zwischen dem Zwischenverdienst und dem versicherten Verdienst (zum Prozentsatz siehe Seite 100). Das ergibt ein Einkommen, das insgesamt höher liegt als das Arbeitslosentaggeld. Voraussetzung ist allerdings, dass der Zwischenverdienst orts- und berufsüblich bezahlt ist. Arbeitslose sollen und dürfen keine Dumpinglöhne akzeptieren.

MARCO S. HAT EINEN VERSICHERTEN VERDIENST von 3400 Franken. Ohne Zwischenverdienst erhält er 80 Prozent davon als Taggeld – also durchschnittlich 2720 Franken pro Monat. Als Aushilfsgärtner kann er einen Zwischenverdienst von monatlich 1500 Franken erzielen. Damit sieht die Taggeldberechnung vereinfacht so aus:

Versicherter Verdienst	Fr. 3400.–
Zwischenverdienst	– Fr. 1500.–
Restlicher Verdienstausfall	Fr. 1900.–
Kompensationszahlung: 80 Prozent davon	Fr. 1520.–
Neues Monatseinkommen: Zwischenverdienst + Kompensationszahlung	Fr. 3020.–

Dank dem Zwischenverdienst hat Marco S. also 300 Franken mehr zum Leben.

Differenz- statt Kompensationszahlungen

Kompensationszahlungen können Sie in der Regel während maximal zwölf Monaten beziehen. Danach gibts nur noch sogenannte Differenzzahlungen, also Zahlungen in Höhe der Differenz zwischen dem Zwischenverdienst und dem Arbeitslosentaggeld. Sind Sie aber über 45 Jahre alt oder müssen Sie für Kinder unter 25 Jahren sorgen, haben Sie Anspruch auf Kompensationszahlungen längstens bis zum Ende der Rahmenfrist für den Leistungsbezug (siehe Seite 95).

Beitragszeiten dank Zwischenverdienst

Ein Zwischenverdienst bringt nicht nur finanzielle Vorteile. Sie können dadurch auch neue Beitragszeiten sammeln. Wenn Sie nämlich am Ende Ihrer Rahmenfrist für den Leistungsbezug zwölf Monate Zwischenverdienst nachweisen, wird eine neue Rahmenfrist eröffnet und Sie können weiterhin Taggelder beziehen. Dies gilt allerdings nicht bei einem Zwischenverdienst aus selbständiger Erwerbstätigkeit und auch nicht bei einer von der Versicherung oder der öffentlichen Hand finanzierten vorübergehenden Beschäftigung (siehe Seite 135).

In den meisten Fällen wird das Arbeitslosentaggeld in der neuen Rahmenfrist tiefer ausfallen. Denn als neuer versicherter Verdienst gilt der in der letzten Rahmenfrist erzielte Zwischenverdienst (ohne Kompensationszahlungen).

Darauf müssen Sie bei Zwischenverdiensten achten

Die wichtigste Regel gleich zuerst: Jede Arbeit, die Sie während der Arbeitslosigkeit annehmen, müssen Sie unverzüglich dem RAV melden. Schwarzarbeit wird streng bestraft. Beachten Sie zudem folgende Punkte:

- Solange Sie Anspruch auf Kompensationszahlungen haben, sind Sie verpflichtet, jeden vom RAV zugewiesenen Zwischenverdienst anzunehmen.
- Ihr Arbeitgeber muss jeden Monat ein Formular über Ihren Zwischenverdienst ausfüllen und der Kasse zusenden. Ohne dieses Formular gibt es kein Geld.
- Während des Zwischenverdienstes müssen Sie die Kontrollpflichten erfüllen, weiterhin nach einer zumutbaren Stelle suchen und das auch belegen können.

- Wird Ihnen eine zumutbare Dauerstelle angeboten, müssen Sie den Zwischenverdienst so rasch wie möglich aufgeben. Die Kündigungsfrist dürfen Sie natürlich einhalten.
- Einen Zwischenverdienst aus selbständiger Tätigkeit müssen Sie deklarieren, wenn Sie die Arbeit ausführen, nicht erst, wenn das Honorar bei Ihnen eingetroffen ist.
- Wenn Sie während eines Zwischenverdienstes die Ihnen nach Arbeitsvertrag zustehenden Ferien beziehen, haben Sie auch für diese Zeit Anspruch auf Kompensationszahlung. Diese Ferientage werden von Ihrem bereits erworbenen Anspruch auf kontrollfreie Tage («Stempelferien», siehe Seite 106) abgezogen. Haben Sie noch keinen Anspruch auf kontrollfreie Tage, entsteht aber kein Minussaldo.

ACHTUNG *nehmen Sie keinen Zwischenverdienst an, der nicht orts- und berufsüblich bezahlt ist. Sie riskieren sonst, dass die Kompensationszahlungen entsprechend gekürzt werden. Der Grund für diese Regel: Sie soll sicherstellen, dass Arbeitlose von den Arbeitgebern nicht zu Dumpinglöhnen beschäftigt werden.*

6

Kurse und andere Angebote des RAV

Finanzierte Weiterbildung und mehr

Ist Ihr Fachwissen veraltet? Müssen Ihre Computerkenntnisse aufpoliert werden? Unter Umständen können Sie auf Unterstützung vom RAV zählen. Denn die Arbeitslosenversicherung zahlt nicht nur Taggelder, sondern finanziert auch Kurse, Arbeitseinsätze, Praktika und andere sogenannte arbeitsmarktliche Massnahmen.

Ziel dieser Massnahmen ist es, die Chancen der Arbeitslosen zu verbessern, damit sie sich rasch und dauerhaft wieder ins Erwerbsleben eingliedern können.

INFO *Mitunter können Versicherte zu einem Kursbesuch oder einem Beschäftigungsprogramm gezwungen werden. Wer sich weigert, muss mit finanziellen Einbussen in Form von Einstelltagen rechnen* *(siehe Seite 166)*.

So kommen Sie zum geeigneten Kurs

Entweder das RAV bietet Ihnen einen Kurs an oder Sie machen selber einen Vorschlag. Ein solcher Kurs muss aber im Voraus bewilligt werden; Ihr Gesuch müssen Sie spätestens zehn Tage vor Kursbeginn bei der kantonalen Amtsstelle oder beim RAV einreichen. Wird der Kursbesuch genehmigt, erhalten Sie folgende Leistungen: Kursgeld, Kosten für Bücher und Lehrmaterial, Fahrkosten (öffentliche Verkehrsmittel), Anteil an der auswärtigen Verpflegung, Taggelder. Wird

SOLCHE KURSE FINANZIERT DIE ARBEITSLOSENKASSE

- Weiterbildungskurse werden nur bezahlt, wenn ohne diese Weiterbildung die Vermittlung eines Arbeitslosen unmöglich oder stark erschwert ist. Die im Kurs erworbenen Kenntnisse müssen die Chancen bei der Stellensuche wesentlich erhöhen. Nicht bezahlt werden Kurse, die nur dem beruflichen Aufstieg dienen.
- Der Kurs muss an einer anerkannten Schule stattfinden und nach einem im Voraus festgelegten Programm vorgehen.
- Der Kurs sollte möglichst intensiv (bevorzugt werden Vollzeitkurse) und zeitlich begrenzt sein (in der Regel nicht mehr als sechs Monate).
- Die Kurskosten müssen in einem vom Staatssekretariat für Wirtschaft (Seco) vorgegebenen Rahmen liegen (durchschnittlich 135 Franken pro Tag).
- Grundausbildungen werden nicht finanziert. Eine Ausnahme bilden Ausbildungszuschüsse für Personen über 30, die noch keinen Berufsabschluss besitzen.

ein Kursgesuch abgelehnt, können Sie dagegen Einsprache erheben (siehe Seite 169).

INFO *Besuchen Sie auf eigene Faust, also ohne Einwilligung des RAV, einen Kurs, den Sie auch selbst bezahlen, müssen Sie voll vermittlungsfähig bleiben und den Kurs notfalls abbrechen, sobald Ihnen eine zumutbare Stelle angeboten wird.*

Am häufigsten bewilligen die RAV Computer-, Sprach- und Standortbestimmungskurse. Es sind jedoch auch ganz andere Kurse möglich, vorausgesetzt, sie genügen den gesetzlichen Anforderungen (siehe Kasten). Entscheidend ist die individuelle Situation der arbeitslosen Person.

EINEM 58-JÄHRIGEN ARBEITSLOSEN, der jahrelang in der Reise- und Transportbranche tätig gewesen war, wurde die Umschulung zum Carchauffeur bezahlt, Kostenpunkt: 12 350 Franken. Laut Bundesgericht handelte es sich um eine flexible und beschäftigungswirksame Erweiterung seiner Fähigkeiten und somit um eine sinnvolle Wiedereingliederung in den Arbeitsmarkt (Urteil C 242/05 vom 6.10.2006).

Fragen Sie Ihre RAV-Beraterin nach einer Übersicht über die Kursangebote und wenden Sie sich wenn nötig an eine Berufsberatungsstelle, um herauszufinden, welche Weiterbildung für Sie sinnvoll wäre.

Kurse, die Sie selber finden

Haben Sie selbst ein geeignetes Angebot gefunden, gehen Sie am besten folgendermassen vor:

- Beschaffen Sie detaillierte Unterlagen über den Kurs und überprüfen Sie, ob er die gesetzlichen Voraussetzungen erfüllt (Dauer, Preis, Inhalt).
- Reservieren Sie provisorisch einen Platz und erklären Sie dem Veranstalter, dass Sie noch die Bewilligung des RAV einholen müssen. Seriöse Veranstalter akzeptieren dies in der Regel.
- Erkundigen Sie sich bei der RAV-Beraterin, welche Unterlagen Sie für das Gesuch brauchen und wie Sie am besten vorgehen. Halten Sie unbedingt die zehntägige Frist für die Voranmeldung ein.
- Führen Sie in Ihrem Kursgesuch vor allem aus, inwieweit die Weiterbildung Ihre Vermittlungsfähigkeit verbessert. Haben Sie bereits Absagen erhalten, weil Ihnen die betreffenden Kenntnisse fehlen? Dann erwähnen Sie das in Ihrem Gesuch.

Bewilligte Kurse müssen Sie besuchen – sonst droht Taggeldentzug. Zudem bleiben allfällige Annullationskosten an Ihnen hängen.

Beschäftigungsprogramme

Programme zur vorübergehenden Beschäftigung sollen Ihnen helfen, Erfahrungen zu sammeln und Ihre beruflichen Qualifikationen zu erweitern. Sie werden von öffentlichen oder privaten, nicht auf Gewinn ausgerichteten Institutionen durchgeführt und müssen Ihrem Alter, Ihrem Gesundheitszustand und Ihren persönlichen Verhältnissen angemessen sein. Denkbar sind Einsätze in sozialen und gemeinnützigen Werkstätten und Institutionen oder im Rahmen des Natur-, Heimat- und Umweltschutzes.

Während des Beschäftigungsprogramms stehen Sie in einem befristeten Arbeitsverhältnis. Sie erhalten jedoch keinen Lohn, sondern die üblichen Arbeitslosentaggelder. Es ist deshalb auch nicht möglich, durch die Teilnahme an Beschäftigungsprogrammen neue Beitragszeiten zu erwerben.

Motivationssemester und Praktikum

Für junge Arbeitslose gibt es mehrere spezielle Programme: Sogenannte Motivationssemester sollen Lehrabbrechern und Schulabgängerinnen helfen, sich auf dem Arbeitsmarkt zu orientieren und die langen Wartezeiten zu überbrücken, bis das Arbeitslosengeld ausgezahlt wird (zu den Wartefristen siehe Seite 103). Detaillierte Informationen dazu finden Sie im Internet unter www.ch-semo.ch.

Zudem gibt es Ausbildungspraktika, die dazu dienen, die beruflichen Kenntnisse zu erweitern. Berufspraktika wiederum sind für junge Leute bestimmt, denen nach der abgeschlossenen Berufsausbildung die nötige Praxis fehlt. Solche Praktika dürfen nicht im Lehrbetrieb stattfinden. Anstelle von Lohn erhalten die jungen Berufsleute Arbeitslosentaggeld, an dem sich der Einsatzbetrieb mit mindestens 25 Prozent beteiligt.

Einarbeitungs- und Pendlerkostenzuschüsse

Mit Einarbeitungszuschüssen sollen Arbeitgeber motiviert werden, Arbeitslose einzustellen, die eine längere Einarbeitungszeit benötigen und daher Mühe haben, eine Stelle zu finden. Anspruchsberechtigt sind Personen, die schlechte berufliche Voraussetzungen mitbringen – sei das wegen des Alters, der mangelhaften Ausbildung oder gesundheitlicher Beeinträchtigungen – und schon 150 Taggelder bezogen haben.

Ein Arbeitgeber, der bereit ist, einen solchen Arbeitnehmer einzustellen, kann während sechs (ausnahmsweise zwölf) Monaten Einarbeitungszuschüsse an die Lohnkosten erhalten. Der Zuschuss beträgt höchstens 60 Prozent des normalen Lohnes und wird im Verlauf der Einarbeitung periodisch gekürzt. Nach der Einarbeitung sollte man mit einer Anstellung zu orts- und branchenüblichen Bedingungen rechnen können.

Beiträge für lange Arbeitswege

Ist in der Wohnregion keine zumutbare Arbeit zu finden, kann die Arbeitslosenversicherung die Mobilität der Versicherten fördern, indem sie ihnen die notwendigen Fahrkosten für das tägliche Pendeln vom Wohnort zum neuen Arbeitsort vergütet. Zur Wohnregion gehören die Ortschaften im Umkreis von 50 Kilometern mit öffentlichen Verkehrsmitteln bzw. in einer Entfernung von einer Autostunde; innerhalb dieser Zone gibt es keine Beiträge an den Arbeitsweg. Voraussetzung ist zudem, dass Sie gegenüber Ihrer früheren Stelle eine finanzielle Einbusse erleiden. Pendlerkostenbeiträge werden nur im Umfang dieser Einbusse ausgerichtet.

Wochenaufenthalter – also Leute, die einen auswärtigen Job annehmen und nicht mehr täglich nach Hause zurückkehren können – haben Anspruch auf eine Pauschalentschädigung für auswärtige Unterkunft, zusätzliche Verpflegungskosten sowie Fahrkostenersatz.

In beiden Fällen wird die Unterstützung während maximal sechs Monaten gewährt. Gesuche sind mindestens zehn Tage vor Stellenantritt einzureichen.

INFO *Weitere Informationen über die verschiedenen Kurse, Programme und Zuschüsse finden Sie in einem Merkblatt unter www.treffpunkt-arbeit.ch (→ Publikationen → Info-Service für Arbeitslose). Die Materie ist relativ komplex. Wenn Sie sich in Detailfragen vertiefen möchten, finden Sie unter der gleichen Internetadresse mit dem Suchwort «Kreisschreiben» eingehende Erläuterungen.*

Selbständig werden mithilfe der Arbeitslosenversicherung

Wenn die Stellen dünn gesät sind, überlegt sich der eine oder andere Arbeitnehmer, in Zukunft seine beruflichen Fähigkeiten auf eigene Faust zu vermarkten und sich selbständig zu machen. Unter Umständen können sie beim Aufbau ihrer neuen Firma mit der Unterstützung der Arbeitslosenversicherung rechnen.

Bedingung ist, dass jemand ohne eigenes Verschulden arbeitslos geworden und mindestens 20 Jahre alt ist. Ausserdem muss man ein Grobprojekt für eine wirtschaftlich tragfähige und dauerhafte selbständige Erwerbstätigkeit vorweisen können. Die Rechtsform der angestrebten selbständigen Tätigkeit spielt keine Rolle.

Hilfreich: die Planungstaggelder

Haben Sie ein solches Grobprojekt eingereicht und ist die Versicherung mit Ihrem Vorhaben einverstanden, erhalten Sie Gelegenheit, das Projekt im Detail zu planen und die Selbständigkeit vorzubereiten. Während dieser Planungsphase können Sie spezielle Planungstaggelder beziehen, und zwar für maximal 90 Tage (nur einmal pro Rahmenfrist). Sie müssen in dieser Zeit weder vermittelbar sein noch Stellenbewerbungen nachweisen noch Kontrollvorschriften erfüllen. Es ist aber möglich, während des Bezugs der Planungstaggelder einem kleinen Zwischenverdienst nachzugehen, der nichts mit dem Aufbau Ihres Geschäfts zu tun hat.

Die speziellen Taggelder werden nur für die Planung bzw. Vorbereitung einer selbständigen Erwerbstätigkeit ausgerichtet. Nicht unterstützt wird die Startphase eines Unternehmens. Die Taggelder sind nicht dazu bestimmt, die erste Durststrecke nach der Firmengründung zu überbrücken. Auch wenn Sie eine bereits bestehende Firma übernehmen oder in eine bestehende Firma einsteigen wollen, erhalten Sie also keine Taggelder.

DIESE UNTERLAGEN GEHÖREN IN IHR GESUCH

- Lebenslauf, Beschreibung Ihrer bisherigen Tätigkeiten mit Referenzen
- Berufsdiplom, Fach- oder Hochschulabschluss
- Belege für Ihre berufliche Weiterbildung
- Arbeitszeugnisse
- Nachweis angemessener Kenntnisse in der Geschäftsführung
- Businessplan, mit dem Sie belegen können, inwiefern Ihre zukünftige Firma Ihnen eine dauerhafte und wirtschaftlich tragfähige Existenz bieten wird
- Weitere Informationen nach Ermessen des Amtes

Am Ende der Planungsphase müssen Sie entscheiden, ob Sie selbständig werden wollen oder nicht. Ihren Entscheid müssen Sie spätestens mit dem Bezug des letzten Taggelds dem RAV schriftlich mitteilen. Verzichten Sie auf die Firmengründung und beziehen Sie wieder Leistungen der Arbeitslosenversicherung, müssen Sie das Projekt definitiv aufgeben. Sie dürfen es auch nicht als Zwischenverdienst weiterführen.

Reden mit dem RAV

Wenn Sie mit dem Gedanken spielen, Unternehmer, Firmeninhaberin zu werden, sollten Sie Ihre Pläne frühzeitig mit dem RAV besprechen. Ihre Beraterin kann Ihnen das weitere Vorgehen aufzeigen und Sie allenfalls in einen vorbereitenden Kurs schicken.

Neben den Planungstaggeldern übernimmt die Arbeitslosenversicherung eventuell auch eine gewisse **Verlustrisikogarantie** beim Aufbau Ihres eigenen Geschäfts. Lassen Sie sich beraten, falls Sie dies in Anspruch nehmen möchten.

So beantragen Sie Planungstaggelder

Um Planungstaggelder für den Aufbau einer selbständigen Existenz zu erhalten, müssen Sie dem zuständigen kantonalen Amt ein schriftliches Gesuch einreichen. Dies können Sie während der ganzen ordentlichen Rahmenfrist für den Leistungsbezug tun. Rechnen Sie bei Ihrem Zeitplan aber ein, dass die Taggelder nicht über die Rahmenfrist hinaus gezahlt werden. Falls Sie die Höchstzahl von 90 Taggeldern beziehen wollen, sollten Sie Ihr Gesuch spätestens 22 Wochen vor Ablauf Ihrer Rahmenfrist für den Leistungsbezug einreichen (siehe auch Seite 95). Denn für die Behandlung des Gesuchs und den Entscheid ist mit etwa 4 Wochen zu rechnen.

Das Amt entscheidet anhand Ihrer Angaben im Gesuch, wie viel Planungstaggelder Sie beziehen können. Der Anspruch auf Planungstaggelder endet, sobald Sie Ihr Geschäft eröffnet haben.

Aufgepasst beim Alleingang
Wollen Sie sich ohne den Segen der ALV selbständig machen und suchen Sie deshalb keine Stelle mehr, gelten Sie ab sofort nicht mehr als vermittlungsfähig und bekommen auch keine Taggelder. Sollten Sie aber nach relativ kurzer Zeit Ihre Selbständigkeit wieder aufgeben, können Sie unter Umständen wieder Arbeitslosenentschädigung beziehen (mehr dazu lesen Sie auf der nächsten Seite).

Verlängerte Rahmenfrist

Wenn Sie **mithilfe der Arbeitslosenversicherung** eine selbständige Tätigkeit aufnehmen, wird Ihre Rahmenfrist für den Leistungsbezug um zwei Jahre verlängert. Sollten Sie mit Ihrer Geschäftsidee scheitern, können Sie innert der verlängerten Frist Ihre noch nicht bezogenen Taggelder nachbeziehen – vorausgesetzt, Sie geben Ihre selbständige Tätigkeit vollständig und definitiv auf. Je früher Sie also Ihre Geschäftsidee realisieren, umso mehr Taggelder können Sie für den Fall eines Flops auf Reserve halten.

NACHDEM FELIX E. SEINE STELLE in einer grösseren Praxis verloren hat, beschliesst er, sich als Physiotherapeut selbständig zu machen. Während der Planungsphase bezieht er 70 Taggelder und eröffnet anschliessend seine eigene Praxis. Doch bald zeigt sich, dass die Konkurrenz zu gross ist. Nach einem Jahr gibt Herr E. sein Projekt schweren Herzens auf. Er meldet sich wieder beim RAV und kann nun noch maximal 330 Taggelder beziehen.

Auch Personen, die **ohne Unterstützung der Arbeitslosenversicherung** den Schritt in die Selbständigkeit wagen, können von längeren Rahmenfristen profitieren, falls sie nach kurzer Zeit ihr Vorhaben wieder definitiv aufgeben müssen. Zwei Situationen sind zu unterscheiden:

- Sie waren vor Beginn Ihrer Selbständigkeit beim RAV angemeldet, haben damals aber nicht alle Ihnen zustehenden Taggelder bezogen. Wenn Sie Ihre Selbständigkeit wieder aufgeben, wird die damalige **Rahmenfrist für den Leistungsbezug** auf vier Jahre verlängert. Innert dieser verlängerten Frist können Sie Ihre restlichen Taggelder noch beziehen.
- Sie haben, ohne vorher zu stempeln, eine selbständige Tätigkeit aufgenommen und geben diese nun wieder auf. Falls Ihre letzte Anstellung nicht länger als drei Jahre zurückliegt, können Sie Arbeitslosenentschädigung beziehen, denn Ihre **Rahmenfrist für die Beitragszeit** wird um die Dauer der Selbständigkeit, maximal um zwei Jahre, verlängert: Sie müssen also in den letzten maximal vier (statt wie normal zwei) Jahren vor der Anmeldung beim RAV zwölf Monate Beitragszeit nachweisen können.

BUCHTIPP

Kompetente Hilfe beim Start in die Selbständigkeit erhalten Sie im Beobachter-Ratgeber **Ich mache mich selbständig. Von der Geschäftsidee zur erfolgreichen Firmengründung.** **www.beobachter.ch/buchshop**

7

Arbeitslos in speziellen Situationen

Arbeitslos und krank

Wer krank und deshalb arbeitsunfähig ist, kann keine Stelle suchen und ist daher nicht vermittelbar. Trotzdem springt in solchen Situationen die Arbeitslosenversicherung zumindest für kurze Zeit ein.

Erkrankte Arbeitslose erhalten während der ersten 30 Kalendertage seit Beginn der ganzen oder teilweisen Arbeitsunfähigkeit weiterhin ihr Taggeld. Während der zweijährigen Rahmenfrist können bei Arbeitsunfähigkeit insgesamt maximal 44 Taggelder bezogen werden.

Die Frist von 30 Kalendertagen beginnt neu, wenn die Arbeitsunfähigkeit unterbrochen wird oder wenn man im Anschluss an eine Erkrankung aus einem anderen Grund erneut arbeitsunfähig wird.

CORNELIA F. HAT EINE GRIPPE. Nach einer Woche im Bett nimmt sie die Stellensuche wieder auf. Der Arzt hat sie gesundgeschrieben. Zehn Tage später erleidet sie jedoch einen schweren Rückfall. Die Frist von 30 Kalendertagen beginnt von Neuem.

Dauert die Krankheit länger als 30 Tage oder haben Sie die insgesamt 44 Taggelder ausgeschöpft, stehen Sie ohne Einkommen da. Solange Sie arbeitsunfähig sind, können Sie auch nicht bereits erworbene kontrollfreie Bezugstage beziehen («Stempelferien», siehe Seite 106). Es empfiehlt sich deshalb, sich auf privater Basis abzusichern – entweder, indem Sie die Krankentaggeldversicherung des letzten Arbeitgebers als Einzelversicherung weiterführen oder indem Sie sich bei der Krankenkasse für ein Taggeld versichern. Dabei können Sie dank den Leistungen der ALV eine Wartezeit von 30 Tagen vereinbaren.

TIPP *Melden Sie eine Krankheit unbedingt innert einer Woche dem RAV, sonst werden Ihnen die Taggelder erst ab dem Tag der Meldung ausgezahlt. Ab dem vierten Krankheitstag müssen Sie ein ärztliches Zeugnis einreichen. Bestehen begründete Zweifel an Ihrer Arbeitsunfähigkeit, kann die Arbeitslosenversicherung auf eigene Kosten eine vertrauensärztliche Untersuchung anordnen.*

BUCHTIPP

Wer wegen Krankheit oder Unfall arbeitsunfähig wird, hat viele Fragen. Antworten bietet dieser Beobachter-Ratgeber: **Krankheit oder Unfall – wie weiter im Job? Das gilt, wenn Sie nicht arbeiten können.**
www.beobachter.ch/buchshop

Beträgt Ihre Arbeitsunfähigkeit mindestens 75 Prozent, haben Sie Anspruch auf das volle Arbeitslosentaggeld. Sind Sie zu 50 Prozent arbeitsunfähig, erhalten Sie das halbe Taggeld. Natürlich müssen Sie sich im Rahmen Ihrer Arbeitsfähigkeit auch um Stellen bewerben.

Was gilt bei einem Unfall?

Besser sieht die Situation bei Unfall aus. Arbeitslose sind obligatorisch bei der Suva versichert. Diese deckt nebst den Heilungskosten auch den Einkommensausfall, also die Nettoentschädigung der Arbeitslosenversicherung, ab dem dritten Tag nach dem Unfall. Die ersten Tage (inklusive Unfalltag) übernimmt die Arbeitslosenversicherung. Die Suva zahlt auch während Einstelltagen und Wartefristen, und zwar so lange, bis Sie wieder gesund sind oder allenfalls eine Invalidenrente fällig wird.

TIPP *Ihr Unfallversicherungsschutz endet 30 Tage nach dem Bezug des letzten Arbeitslosentaggelds. Wenn Sie also länger als zwei Monate krank sind, sollten Sie rechtzeitig eine Abredeversicherung abschliessen (mehr dazu auf Seite 79).*

Arbeitsunfähig während eines Zwischenverdiensts

Wenn Sie während eines Zwischenverdiensts (siehe Seite 125) wegen Krankheit oder Unfall arbeitsunfähig werden, rechnet man Ihnen die Lohnfortzahlung des Arbeitgebers (Art. 324a OR) bzw. die Taggelder einer Lohnausfallversicherung (Unfall- oder Krankentaggeld) als Zwischenverdienst an. Da die Unfallversicherung erst ab dem dritten Tag nach dem Unfall zahlt, werden diese Karenztage von der ALV übernommen.

Arbeitsunfähig schon vor der Arbeitslosigkeit

Was gilt, wenn man bereits vor Beginn der Arbeitslosigkeit krank ist – ja vielleicht sogar wegen längerer Arbeitsunfähigkeit nach Ablauf der Sperrfrist die Kündigung erhalten hat (zur Sperrfrist siehe Seite 38)? Soll man sich arbeitslos melden, und wenn ja: ab wann? Zwei Szenarien sind zu unterscheiden:

- Sie sind arbeitsunfähig, erhalten aber eine **Lohnausfallentschädigung** – weil die Versicherung des alten Arbeitgebers weiterhin zahlt oder weil Sie in die Einzelversicherung übergetreten sind. In diesem Fall hat es in der Regel keinen Sinn, sich beim RAV anzumelden. Ihr Lohnausfall ist ja gedeckt. Melden Sie sich arbeitslos, sobald Sie wieder mindestens 50 Prozent arbeitsfähig sind.
  Beachten Sie aber, dass Sie keinen regulären Anspruch auf Arbeitslosengeld mehr haben, wenn Sie länger als ein Jahr arbeitsunfähig waren und dabei *nicht in einem Arbeitsverhältnis* standen. Denn dann erfüllen Sie die zwölf Monate Beitragszeit nicht mehr (siehe Seite 93) und erhalten nur noch 90 Taggelder aufgrund tiefer Pauschalansätze (mehr dazu auf Seite 101). Aus taktischen Gründen kann es daher sinnvoll sein, sich vor Ablauf eines Jahres bei der ALV

ARBEITSLOSIGKEIT UND MILITÄRDIENST

Müssen Sie während der Arbeitslosigkeit in den WK einrücken und ist Ihre Erwerbsausfallentschädigung (EO) tiefer als die Arbeitslosenentschädigung, zahlt die ALV die Differenz. Voraussetzung ist allerdings, dass der Dienst nicht länger als 30 Tage dauert. Beträgt die Dienstzeit mehr als 30 Tage, haben Sie auch für die ersten 30 Tage keinen Anspruch auf Arbeitslosenentschädigung.

Achtung: Keine Leistungen erbringt die ALV während der RS oder während Beförderungsdiensten.

anzumelden. Voraussetzung ist aber, dass Sie davon ausgehen können, bald wieder arbeitsfähig zu sein.

- Sie sind arbeitsunfähig und erhalten **kein Kranken- oder Unfalltaggeld**. Dann sollten Sie sich sofort beim RAV anmelden. Sie können dann immerhin während 30 Tagen Arbeitslosenentschädigung beziehen. Diese 30-tägige Frist läuft ab dem Zeitpunkt, zu dem Sie die Anspruchsvoraussetzungen – abgesehen von der Vermittlungsfähigkeit – erfüllen (siehe Seite 90).

Diese Ausführungen treffen nur bei vorübergehender Arbeitsunfähigkeit zu. Sind Sie dauerhaft in Ihrer Erwerbsfähigkeit beeinträchtigt, gelten andere Regeln. Mehr dazu erfahren Sie gleich auf der nächsten Seite.

Arbeitslos und invalid

Behinderte gelten als vermittlungsfähig, wenn ihnen bei ausgeglichener Arbeitsmarktlage unter Berücksichtigung ihrer Behinderung eine zumutbare Arbeit vermittelt werden könnte. Entscheidend sind also die Arbeitsbereitschaft und -fähigkeit und nicht die tatsächlichen Chancen auf dem Arbeitsmarkt.

Dies gilt auch für Arbeitslose, die zwar eine Invalidenrente beziehen, aber zu mindestens 20 Prozent teilerwerbsfähig sind, und für Personen, die noch auf den Rentenbescheid der Invalidenversicherung (IV), der Pensionskasse oder der Unfallversicherung warten.

Das Warten auf die Rente überbrücken

Wer eine Rente der IV beantragt hat, muss oft Jahre warten und diverse Abklärungen über sich ergehen lassen, bis der Rentenentscheid erfolgt. Damit Sie während der Wartezeit nicht zwischen Stuhl und Bank fallen und mittellos dastehen, sollten Sie sich sowohl bei der Invaliden- als auch bei der Arbeitslosenversicherung anmelden. Es schadet Ihren Chancen auf eine IV-Rente nicht, wenn Sie sich arbeitslos melden und im Rahmen Ihrer gesundheitlichen Möglichkeiten versuchen, doch noch eine Stelle zu finden. Denn zwischen Invaliden- und Arbeitslosenversicherung besteht eine Koordination, die verhindern soll, dass Invalide in ein finanzielles Loch fallen.

Wenn Zweifel hinsichtlich Vermittlungsfähigkeit und allfälliger Rentenansprüche bestehen, ist vorerst die Arbeitslosenversicherung zuständig. Bis zum Entscheid der IV gelten Sie als voll vermittlungsfähig, sofern Sie «unter Annahme einer ausgeglichenen Arbeitsmarktlage nicht offensichtlich vermittlungsunfähig» sind, so das Gesetz. Sollte sich später herausstellen, dass Sie Anspruch auf eine IV-Rente haben, rechnet die IV zuerst mit der Arbeitslosenversicherung ab. Das heisst, die Renten, die Ihnen für die Zeit des Taggeldbezugs zustehen, werden für die Rückzahlung an die Arbeitslosenkasse verwendet. Sie brauchen aber nicht zu befürchten, dass Sie aus eigener Tasche Geld zurückzahlen müssen, selbst wenn die Ihnen zugesprochene Rente tiefer ist als die Leistungen der Arbeitslosenversicherung.

DER MAGAZINER PAULO K. bekommt bei der Arbeit immer stärkere Rückenschmerzen. Laut Befund der Ärzte ist er nicht mehr in der Lage, in seinem gelernten Beruf zu arbeiten, Lasten zu tragen oder länger zu stehen. Eine leichte, vor allem sitzende Tätigkeit von 60 bis 70 Prozent wäre aber trotz Schmerzen zumutbar, meinen die Ärzte. Als sein Arbeitgeber ihm kündigt, meldet sich Herr K. beim RAV und erhält ein volles Taggeld. Er bewirbt sich um mehrere Stellen, hat allerdings auf dem Arbeitsmarkt keine Chance. Ein Jahr nach der Anmeldung beim RAV spricht ihm die IV rückwirkend eine halbe Rente zu. Diese ist tiefer als das Arbeitslosentaggeld, trotzdem muss Paulo K. nichts zurückzahlen. Die Rentenzahlungen der IV allerdings, auf die er rückwirkend Anspruch hat, gehen direkt an die Arbeitslosenkasse. Bis zum Ende der Rahmenfrist erhält Herr K. zusätzlich zur halben IV-Rente auch ein halbes Arbeitslosentaggeld.

Wichtig: Arbeitsbereitschaft bekunden

Wenn Sie sich – während Sie auf den IV-Bescheid warten – bei der Arbeitslosenversicherung anmelden, ist es wichtig, dass Sie sich vermittlungsbereit zeigen. Suchen Sie im Rahmen Ihrer Möglichkeiten, so gut es eben geht, nach einer angepassten Tätigkeit und nehmen Sie

Stellenangebote mindestens versuchsweise an. Bitten Sie Ihren Arzt, in einem detaillierten Arztzeugnis möglichst genau auszuführen, für welche Tätigkeiten eine Arbeitsfähigkeit besteht, zum Beispiel: «Herr X. ist in einer leidensangepassten Tätigkeit arbeitsfähig, wo er abwechselnd sitzen und stehen sowie regelmässig Pausen einlegen kann und keine schweren Lasten heben muss.»

Dass Sie gegenüber der IV trotzdem vollständige Erwerbsunfähigkeit geltend machen, ist dabei kein Problem. Sie sind ja in der Abklärungsphase. Nur wenn völlig ausgeschlossen ist, dass Sie noch irgendeine wie auch immer geartete Tätigkeit annehmen können, sind Sie bei der Arbeitslosenversicherung nicht mehr anspruchsberechtigt.

Diese Vorleistungspflicht der ALV ist auf die Dauer des Schwebezustandes begrenzt. Kündigt die IV-Stelle in ihrem Vorbescheid an, die versicherte Person habe auf der Basis einer 100-prozentigen Erwerbsunfähigkeit Anspruch auf eine ganze Invalidenrente, ist die Vermittlungsunfähigkeit spätestens ab diesem Zeitpunkt offensichtlich. Es muss nicht noch die Rentenverfügung abgewartet werden (Urteil des Bundesgerichts 8C_53/2014 vom 26.8.2014).

Arbeitslos als Schwangere und als Mutter

Sind Sie schwanger, werden Sie Mühe haben, eine neue Stelle zu finden. Trotzdem gelten Sie als vermittlungsfähig, wenn Sie arbeitsfähig sind und sich um Arbeit bemühen. Solange Ihre gesundheitliche Situation Ihnen erlaubt, einer Arbeit nachzugehen, haben Sie Anspruch auf Taggelder. Beschaffen Sie sich im Zweifelsfall ein Arztzeugnis, das Ihre Arbeitsfähigkeit bestätigt.

Falls Sie während einer Schwangerschaft arbeitsunfähig werden, haben Sie die gleichen Ansprüche wie bei Krankheit (Taggeld bis zum 30. Tag nach Beginn der ganzen oder teilweisen Arbeitsunfähigkeit).

Nach der Geburt: Mutterschaftsentschädigung

Nach der Niederkunft haben Sie Anspruch auf die Mutterschaftsentschädigung gemäss Erwerbsersatzordnung. Diese wird als Taggeld ausgerichtet und beträgt normalerweise höchstens 196 Franken pro Tag. Liegt Ihr ALV-Taggeld aber höher, wird dieses ausgezahlt. Von

---

KEINE STELLENSUCHE MEHR NÖTIG

Schwangere und junge Mütter müssen während folgenden Zeiten keine Arbeitsbemühungen nachweisen:

- während der letzten beiden Monate vor der Niederkunft
- während der ersten vier Wochen des 14-wöchigen Mutterschaftsurlaubs

---

den Mutterschaftstaggeldern werden die Sozialversicherungsbeiträge abgezogen. Die Zeit des Mutterschaftsurlaubs gilt daher als Beitragszeit.

Wollen Sie nach dem Mutterschaftsurlaub weiterhin Arbeitslosenentschädigung beanspruchen, müssen Sie spätestens ab der fünften Woche des Urlaubs mit der Stellensuche beginnen. Ihre Bemühungen müssen Sie belegen können.

INFO *Anspruch auf die Mutterschaftsentschädigung haben übrigens auch Frauen, die zum Zeitpunkt der Geburt erwerbslos sind, aber aus irgendwelchen Gründen keine Arbeitslosenentschädigung beziehen, obwohl sie dafür genügend Beitragszeit hätten. Ein Merkblatt über die Mutterschaftsentschädigung finden Sie unter www.ahv-iv.info (→ Merkblätter & Formulare → Merkblätter → Leistungen der EO).*

Wiedereinstieg nach der Erziehungspause

Frauen und Männer, die wegen Familienpflichten ihre Berufstätigkeit unterbrechen und später wieder erwerbstätig sein wollen, profitieren von einigen Sonderregeln bei der Arbeitslosenversicherung. Zunächst haben Eltern von Kindern unter zehn Jahren die Möglichkeit, eine Erziehungspause einzulegen und dann ganz normal zu stempeln – auf der Basis ihres Verdienstes vor der Erziehungspause. Sie profitieren dabei von verlängerten Rahmenfristen (zu den Rahmenfristen siehe Seite 95). Es sind zwei Situationen zu unterscheiden:

- Sie waren zu Beginn der Erziehungspause bereits arbeitslos gemeldet. Dann wird Ihre **Rahmenfrist für den Leistungsbezug** von zwei auf vier Jahre verlängert. Sie haben also mehr Zeit zur Verfügung, um die Ihnen zustehenden Taggelder zu beziehen, und dürfen zwischendurch mit der Stellensuche auch ganz pausieren.

- Sie waren zu Beginn der Erziehungspause noch nicht arbeitslos gemeldet. Dann haben Sie Anspruch auf eine **Rahmenfrist für die Beitragszeit** von vier Jahren, wenn Sie nach der Pause wieder berufstätig werden wollen. Das heisst, Sie müssen das Minimum von zwölf Beitragsmonaten in den vergangenen vier statt zwei Jahren nachweisen können (zur Beitragszeit siehe Seite 93).

BARBARA S. GIBT AM 1. AUGUST 2013 ihre Erwerbstätigkeit auf, um sich ganz ihrem neugeborenen Sohn zu widmen. Sie kann bis 31. Juli 2016 mit der Arbeit pausieren. Bei einem Wiedereinstieg vor diesem Zeitpunkt kann sie gestützt auf die Beiträge, die sie in den zwölf Monaten vor dem 1. August 2013 entrichtet hat, Taggelder beziehen. Bei einem späteren Wiedereinstieg kann Frau S. nicht mehr auf diese Beiträge zurückgreifen – es sei denn, sie hat vor dem 1. August 2016 ein zweites Kind geboren.

Sie können sich also zur Betreuung eines Kindes unter zehn Jahren einen maximal dreijährigen Berufsunterbruch erlauben. Bei jeder weiteren Geburt wird die Rahmenfrist nochmals um maximal zwei Jahre verlängert. Dieselben Regeln gelten übrigens auch für Adoptionen.

TIPP *Melden Sie sich nach der Erziehungspause rechtzeitig zum Taggeldbezug an. Ihr Kind muss bei der Anmeldung jünger als zehnjährig sein.*

(Wieder-)Einstieg wegen finanzieller Notlage

Wer wegen familiärer Pflichten länger als oben beschrieben nicht berufstätig war, hat grundsätzlich keinen Anspruch auf Arbeitslosengeld, wenn er oder sie sich dazu entschliesst, wieder ins Berufsleben einzusteigen. Es gibt jedoch Ausnahmen.

Sind Sie gezwungen, eine Arbeit zu suchen, weil Ihre Ehe geschieden oder getrennt wurde oder weil Ihr Ehemann, Ihre Frau invalid geworden oder gestorben ist, dann sind Sie von der Erfüllung der Beitragszeit befreit – Sie können also während 90 Tagen Arbeitslosenentschädigung beziehen, obwohl Sie vorher nicht berufstätig waren. Dies gilt allerdings nur, wenn das betreffende Ereignis nicht mehr als ein Jahr zurückliegt und Sie damals Ihren Wohnsitz in der Schweiz hatten.

Ähnliche Gründe

Auch wenn Ihre Invalidenrente wegfällt oder wenn Sie – so der Gesetzestext – «ähnliche Gründe» geltend machen können, erhalten Sie ohne Beitragszeiten Arbeitslosenentschädigung. Was «ähnliche Gründe» sein könnten, hat die Gerichte wiederholt beschäftigt; ein paar Beispiele:

- Keine ALV-Leistungen erhielt eine Frau, deren selbständig erwerben-der Mann eine Einkommensflaute hatte.
- Auch die Auflösung eines Konkubinats gilt nicht als ähnlicher Grund, wird also nicht gleich behandelt wie eine Ehescheidung.
- Die Aussteuerung des Ehepartners aus der Arbeitslosenversicherung gilt laut Bundesgericht nicht als ähnlicher Grund. Hingegen könne, so die Richter, je nach den konkreten Umständen im Einzelfall das unerwartete und plötzliche Dahinfallen von Leistungen der Haftpflichtversicherung an den Ehepartner einen ähnlichen Grund darstellen.
- Bejaht wurde auch der Anspruch einer Frau, die wegen einer Gefängnisstrafe ihres Ehemanns gezwungen war, arbeiten zu gehen.

Da Sie in solchen Situationen von der Beitragszeit befreit sind, wird Ihre Arbeitslosenunterstützung auf Basis von Pauschalansätzen berechnet und Sie haben vor der ersten Taggeldzahlung gewisse Wartezeiten zu bestehen (mehr dazu auf Seite 101 und 103).

Arbeitslos nach der Lehre

Die Lehrabschlussprüfung ist erfolgreich bestanden – nichts wie los ins richtige Berufsleben! So einfach ist es allerdings nicht: Die Arbeitslosenquote bei den unter 24-Jährigen ist im Vergleich zu anderen Altersgruppen besonders hoch. Wer nicht im Lehrbetrieb bleiben kann, hat oft grosse Mühe, eine passende Stelle zu finden.

Das Problem der frisch ausgebildeten jungen Berufsleute ist die fehlende Praxis. Bloss, wie soll man diese erwerben, wenn einem keiner eine Chance gibt?

Lieber irgendein Job als keiner

Nach der Lehre gilt: Jeder Job ist besser als gar keiner. Selbst wenn Sie mit Ihrem guten Abschlusszeugnis Aushilfsjobs annehmen, ist dies vorteilhafter, als passiv abzuwarten. So zeigen Sie Einsatz und Initiative, was auf potenzielle Arbeitgeber positiv wirkt. Zudem sammeln Sie Erfahrungen und knüpfen neue Kontakte, die bei der Stellensuche nützlich sein können. Verlangen Sie von jedem Betrieb, in dem Sie arbeiten, ein Zeugnis. Achten Sie aber darauf, dass Sie nicht in unqualifizierten Tätigkeiten hängen bleiben, und bewerben Sie sich auf jeden Fall weiterhin um Stellen in Ihrem erlernten Beruf.

INFO *Für Lehrabgänger, die keine Stelle finden, organisiert die Arbeitslosenversicherung Berufspraktika in der öffentlichen Verwaltung oder in einer Privatfirma (siehe Seite 135).*

Wenig Geld für Lehrabgänger

Wer unmittelbar nach der Lehre arbeitslos wird, hat Anspruch auf 200 Taggelder, ausser er oder sie ist älter als 25 oder hat Kinder (siehe Seite 105). Die Höhe des Taggelds berechnet sich anhand des Pauschalansatzes für Absolventen einer Berufslehre – Ausnahme: Wenn der Lehrlingslohn höher war, gilt dieser als Basis. Der Pauschalansatz beträgt 127 Franken pro Tag (siehe Seite 101). Davon werden 80 Prozent als Taggeld ausgezahlt. Für Lehrabgänger unter 25 Jahren, die keine Kinder haben, wird das Taggeld auf der Basis des halben Pauschalansatzes errechnet; sie erhalten also 80 Prozent von Fr. 63.50, das sind Fr. 50.80 im Tag.

Davon kann man kaum leben. Auch deshalb lohnt es sich, nach der Lehre erst mal irgendeine Arbeit anzunehmen, statt auf den Traumjob zu warten. Die Rechnung sieht besser aus, wenn Sie im Anschluss an die Berufsausbildung mindestens einen Monat lang einen Job gehabt und ALV-Beiträge eingezahlt haben. Dann wird Ihr Taggeld auf Basis Ihres Durchschnittslohns der letzten sechs Monate berechnet; für die Monate, die in die Berufsausbildung fallen, wird die Pauschale herangezogen, wenn sie höher ist als Ihr Lehrlingslohn. Hatten Sie im Anschluss an die Lehre einen 100-Prozent-Job, wird die volle Pauschale verwendet; bei Teilzeitbeschäftigung ist es die gekürzte Pauschale.

ROLAND G. ARBEITET NACH seinem Lehrabschluss während zweier Monate in einem Vollzeitjob und verdient 4000 Franken pro Monat. Sein versicherter Verdienst wird folgendermassen berechnet:

2 × Fr. 4000.–	Fr. 8000.–
4 × Fr. 2756.– (ungekürzte Pauschale)	Fr. 11024.–
Total	Fr. 19024.–
Durchschnitt = versicherter Verdienst	Fr. 3171.–

Roland G. erhält ein Taggeld von 80 Prozent dieses Betrags, das sind Fr. 116.90 pro Tag.

TANJA W. ARBEITET NACH DER LEHRE vier Monate in einer Halbtagsstelle und verdient dabei 2000 Franken pro Monat. Ihr versicherter Verdienst wird aus dem Durchschnitt von 4 × 2000 Franken plus 2 × 1378 Franken (gekürzte Pauschale) berechnet und beträgt 1793 Franken. Das ergibt ein Taggeld von Fr. 103.30.

INFO *Die Gewerkschaft Unia hat einen Ratgeber für junge Arbeitslose publiziert. Sie finden ihn als PDF-Dokument unter www.unia.ch (→ Arbeitswelt → Jugend & Arbeitslosigkeit → Jung und arbeitslos? Meine Rechte).*

Arbeitslos im fortgeschrittenen Alter

Sind Sie älter als 50 und auf Stellensuche? Dann haben Sie es schwieriger als jüngere Semester. Schon über 40-Jährige fühlen sich auf dem Arbeitsmarkt benachteiligt. Ein Blick in die Stellenanzeiger scheint ihnen recht zu geben: Gefragt sind vor allem Leute bis etwa 38. Trotzdem sind Sie auf dem Arbeitsmarkt nicht chancenlos.

In gewissen Punkten kommt die Arbeitslosenversicherung älteren Stellenlosen entgegen. Auf den folgenden Seiten finden Sie einen Überblick.

Mehr Taggelder, mehr Zeit

Sind Sie über 55, haben Sie länger Anspruch auf Arbeitslosenentschädigung; Sie bekommen 520 Taggelder anstelle der üblichen

---

SO VERBESSERN SIE IHRE CHANCEN

- Ihre Bewerbung soll frisch und modern daherkommen, Schrift und Sprache dürfen nicht ältlich wirken. Holen Sie Rat, wenn Sie sich schon lange nicht mehr beworben haben.
- Tragen Sie alles zusammen, was Sie je geleistet und erreicht haben. Auch neben- und ehrenamtliche Tätigkeiten sind wichtig. Je nach Stelle, um die Sie sich bewerben, können Sie dann andere Schwerpunkte setzen, um möglichst gut dem Anforderungsprofil zu entsprechen.
- Beziehen Sie sich im Bewerbungsbrief auf die konkrete Stelle und erläutern Sie kurz und präzis, warum Sie die richtige Person sind – trotz oder gerade wegen Ihres Alters. Fragen Sie nicht vorher nach, ob Sie mit Ihrem Jahrgang noch infrage kommen. Zeigen Sie, dass Sie sich über das Unternehmen informiert haben.
- Achten Sie auf eine ansprechende Gestaltung Ihres Lebenslaufs: Nehmen Sie als Blickfang ein professionelles Passfoto, auf dem Sie sympathisch und jugendlich wirken. Schildern Sie in einer kurzen Rubrik «Mein Profil» Ihre wichtigsten Stärken und Erfahrungen, die gut zur ausgeschriebenen Stelle passen.
- Nennen Sie bei der Auflistung des beruflichen Werdegangs die letzte Tätigkeit zuerst. Weisen Sie auf besondere Leistungen und Erfolge hin, die Sie an dieser Stelle erzielt haben.
- Bemühen Sie sich um eine optimistische, selbstbewusste Haltung. Zeigen Sie sich flexibel und zukunftsorientiert. Widerlegen Sie die Vorurteile, die man Ihrem Jahrgang entgegenbringt.

---

400. Werden Sie in den letzten vier Jahren vor Erreichen des AHV-Alters arbeitslos, können Sie sogar 640 Taggelder beziehen. Voraussetzung in beiden Fällen ist, dass Sie in den zwei Jahren vor der Anmeldung beim RAV 22 Monate gearbeitet und Beiträge eingezahlt haben.

Werden Sie (weniger als) 48 Monate vor Erreichen des AHV-Alters arbeitslos, wird zudem Ihre Rahmenfrist für den Leistungsbezug verlängert: auf maximal vier Jahre bzw. bis zum Zeitpunkt der Pensionierung. Sie haben also mehr Zeit, eine Stelle zu finden und Ihre 640 Taggelder zu beziehen. Im letzten halben Jahr vor Beginn des AHV-Alters sind Sie von der Stellensuche befreit.

BUCHTIPP

Wie Sie auch mit 50 plus eine neue, befriedigende Arbeit finden, erfahren Sie in diesem Beobachter-Ratgeber: **50 plus – Neuorientierung im Beruf. Chancen erkennen und mit Erfahrung punkten.** **www.beobachter.ch/buchshop**

TIPP *Halten Sie die Frist von 48 Monaten unbedingt genau ein. Wenn Sie sich ein paar Tage zu früh arbeitslos melden, können Sie von den Vorteilen nicht profitieren. Erhalten Sie die Kündigung kurz vor Ihrem 60. (Frauen) oder 61. (Männer) Geburtstag, lohnt es sich, mit dem Arbeitgeber über einen Aufschub zu verhandeln oder mit der Anmeldung beim RAV zuzuwarten. Aber Achtung: Mehr als zwei Monate dürfen Sie nicht warten, damit Sie die 22 Beitragsmonate noch nachweisen können.*

Ältere Arbeitslose geniessen auch Vorteile im Zusammenhang mit Integrationsmassnahmen: Personen über 50 können bis zum Ende ihrer Rahmenfrist an Kursen oder Beschäftigungsprogrammen teilnehmen, selbst wenn ihr Anspruch auf Taggelder vorher endet. Obwohl keine Taggelder mehr ausgerichtet werden, übernimmt die Arbeitslosenversicherung die gesamten Kosten für diese Massnahmen. Zudem haben Arbeitslose über 50 generell Anspruch auf Einarbeitungszuschüsse während maximal zwölf Monaten.

Stempeln trotz vorzeitiger Pensionierung

Sind Sie gegen Ihren Willen vorzeitig pensioniert worden? Und sind Ihre Altersleistungen aus der Pensionskasse tiefer als die Arbeitslosenentschädigung? Dann können Sie die Differenz bei der Arbeitslosenkasse geltend machen.

Aber aufgepasst: Diese Regelung gilt nur bei unfreiwilliger vorzeitiger Pensionierung. Unfreiwilligkeit ist immer dann gegeben, wenn Sie eigentlich an Ihrer Arbeitsstelle bleiben möchten, aber aus wirtschaftlichen Gründen entlassen werden und dann Pensionskassenleistungen beziehen. Oder wenn Sie ausscheiden müssen, weil Sie das Alter erreicht haben, das in Ihrem Betrieb als Pensionierungsalter gilt.

Als Altersleistungen gelten alle Leistungen der beruflichen Vorsorge, auf die Sie bei der vorzeitigen Pensionierung einen reglementarischen oder arbeitsvertraglichen Anspruch haben. Nicht dazu gehören freiwillige Abfindungen des Arbeitgebers, die 148 200 Franken nicht übersteigen (Stand 2016, mehr dazu auf Seite 70).

DAS REGLEMENT DER PENSIONSKASSE von Remo V. sieht vor, dass Versicherte mit 62 Jahren pensioniert werden. Gemäss dieser Regelung erhält Remo V. eine Altersrente von 3000 Franken. Zusätzlich kann er sich beim Arbeitsamt anmelden; er erhält ein Taggeld, das 70 Prozent seines letzten Verdienstes beträgt. Remo V.s letzter Lohn lag bei 7000 Franken – 70 Prozent davon wären also 4900 Franken. Davon wird die Rente der Pensionskasse abgezogen; Herr V. erhält von der Arbeitslosenversicherung 1900 Franken.

Und bei freiwilliger Pensionierung?

Entscheiden Sie sich freiwillig für den vorzeitigen Ruhestand, können Sie nicht stempeln. Sie müssen in diesem Fall nach der Pensionierung erst wieder zwölf Monate lang eine beitragspflichtige Beschäftigung ausgeübt haben, bevor Sie Arbeitslosenentschädigung beanspruchen können. Die Höhe des Taggelds wird dann auf Basis des nach der Pensionierung erzielten Lohnes berechnet.

INFO *Sobald Sie eine AHV-Rente beziehen, besteht endgültig kein Anspruch mehr auf Leistungen der Arbeitslosenversicherung.*

Arbeitslos nach Auslandaufenthalt

Wenn Sie sich im Ausland aufhalten und dort erwerbstätig sind, sind Sie bei der schweizerischen ALV grundsätzlich nicht versichert. Auch ein freiwilliger Beitritt ist nicht möglich. Allenfalls sind Sie durch die Versicherung Ihres Aufenthaltslands gedeckt.

Wenn Sie in die Schweiz zurückkehren wollen, müssen Sie je nach Situation unterschiedliche Punkte beachten.

Für ein Schweizer Unternehmen im Ausland tätig

Haben Sie für ein schweizerisches Unternehmen im Ausland gearbeitet und daher Beiträge an die schweizerische AHV/IV/EO/ALV entrichtet, sind Sie nach Ihrer Rückkehr inländischen arbeitslosen Personen gleichgestellt.

Ausländischer Arbeitgeber: EU-/EFTA-Land oder Drittstaat?

Wenn Sie im Ausland für ein ausländisches Unternehmen tätig sind, kommt es darauf an, ob Sie im EU-/EFTA-Raum oder in einem anderen Land, einem sogenannten Drittstaat, arbeiten.

EU/EFTA: Zuständig ist die Versicherung vor Ort

Die bilateralen Verträge mit der EU sehen vor, dass für die Ausrichtung von Arbeitslosenentschädigung grundsätzlich derjenige Staat zuständig ist, in dem eine erwerbslose Person zuletzt gearbeitet hat (Ausnahme: Grenzgänger). Sie müssen also Ihren Anspruch im Staat Ihrer letzten Beschäftigung geltend machen und die dortigen Bedingungen erfüllen.

Anders sieht es aus, wenn Sie nur vorübergehend im Ausland berufstätig waren und Ihren Wohnsitz in der Schweiz beibehalten haben. Dann können Sie wählen, ob Sie Ihren Anspruch in der Schweiz oder im letzten Beschäftigungsstaat geltend machen wollen. Die Erwerbstätigkeit im Ausland wird Ihnen in der Schweiz als Beitragszeit angerechnet.

Tätigkeit in einem Land ausserhalb der EU und EFTA

Arbeitsaufenthalte in Ländern ausserhalb des EU-/EFTA-Raums werden von der Arbeitslosenversicherung nicht als Beitragszeit angerechnet. Nach Ihrer Rückkehr in die Schweiz haben Sie aber trotzdem Anspruch auf Leistungen der Arbeitslosenversicherung, wenn das Arbeitsverhältnis – oder die Arbeitsverhältnisse – im Ausland mehr als ein Jahr gedauert hat. Sie sind dann von der Erfüllung der Beitragszeit befreit und erhalten Ihre maximal 90 Taggelder auf Basis von Pauschalansätzen (siehe Seite 101). Den Anspruch auf Arbeitslosenentschädigung müssen Sie innerhalb eines Jahres seit Ihrer Rückkehr in die Schweiz geltend machen.

Grenzgänger
Grenzgänger, die in der Schweiz wohnen und im Ausland arbeiten, können – falls sie diese Stelle verlieren – ihr Arbeitslosentaggeld in der Schweiz beziehen. Die Arbeitszeit in einem EU-/EFTA-Staat wird voll als Beitragszeit angerechnet.

Im Ausland zur Ausbildung

Ebenfalls von der Erfüllung der Beitragszeit befreit sind Personen, die sich länger als zwölf Monate zu Ausbildungszwecken im Ausland aufgehalten haben und deswegen nicht erwerbstätig sein konnten. Voraussetzung ist allerdings, dass sie vorher ihren Wohnsitz während mindestens zehn Jahren in der Schweiz hatten.

8

Ärger mit der Arbeitslosenversicherung

Die sogenannten Einstelltage

Das Arbeitslosenversicherungsgesetz ist kompliziert. Wer stempelt, ist mit allerlei Regeln konfrontiert. Da kann man schnell einmal etwas falsch machen – häufig auch unbeabsichtigt. Wer die Vorschriften nicht einhält oder Weisungen des RAV missachtet, muss mit strengen Sanktionen rechnen.

Wenn Sie während der Arbeitslosigkeit Ihre Pflichten verletzen, können Sie mit Einstelltagen gebüsst werden. Das heisst, Sie erhalten während einer bestimmten Anzahl von Tagen kein Geld, müssen aber trotzdem weiter nach einer Stelle suchen und auch alle anderen Pflichten erfüllen. Die Einstelltage werden als bezogene Taggelder angerechnet.

Die Zahl der Einstelltage hängt von Ihrem Vergehen und von der Schwere Ihres Verschuldens ab. Es gelten folgende Richtlinien:

- leichtes Verschulden 1 bis 15 Einstelltage
- mittleres Verschulden 16 bis 30 Einstelltage
- schweres Verschulden 31 bis 60 Einstelltage

Wird ein Versicherter mehrere Male mit Einstelltagen bestraft – zum Beispiel wegen ungenügender Stellenbemühungen –, werden die «Bussen» entsprechend erhöht.

Gründe für Einstelltage

Ein schweres Verschulden liegt zum Beispiel vor, wenn Sie ohne entschuldbaren Grund eine zumutbare Stelle aufgeben, ohne eine neue auf sicher zu haben, oder wenn Sie eine zumutbare Arbeit ablehnen.

Auch wenn Ihnen der Arbeitgeber wegen Ihrer Leistung oder Ihres Verhaltens kündigt, kann dies unter Umständen als selbst verschuldete Arbeitslosigkeit taxiert werden.

Allerdings muss gemäss Bundesgericht das dem Arbeitslosen vorgeworfene Verhalten klar bewiesen sein – bloss eine «überwiegende Wahrscheinlichkeit» genügt nicht. Der Betroffene muss absichtlich gehandelt, also in Kauf genommen haben, dass ihm der Arbeitgeber kündigen könnte. «Bei Differenzen zwischen Arbeitgeber und Arbeitnehmer vermögen blosse Behauptungen des Arbeitgebers den Nachweis für ein schuldhaftes Verhalten der versicherten Person nicht zu erbringen, wenn sie von dieser bestritten werden und nicht durch andere Beweise oder Indizien bestätigt erscheinen», so das oberste Gericht. Im Gerichtsalltag werden Einstelltage, also Kürzungen, in

IN DIESEN FÄLLEN DROHEN EINSTELLTAGE

- Verletzung der Auskunfts- und Meldepflicht, unwahre oder unvollständige Angaben
- Unrechtmässiges Beziehen von Arbeitslosenentschädigung
- Selbst verschuldete Arbeitslosigkeit (kündigen oder ablehnen einer zumutbaren Stelle, Stellenverlust wegen Fehlverhalten)
- Verzicht auf Lohn- oder Entschädigungsansprüche gegenüber dem bisherigen Arbeitgeber
- Ungenügende Bemühungen um Arbeit während der Kündigungsfrist oder während der Arbeitslosigkeit
- Nichtbefolgen der Kontrollvorschriften (zum Beispiel unentschuldigtes Fernbleiben vom Beratungsgespräch)
- Unentschuldigtes Versäumen eines Kurses
- Nichtbefolgen von Weisungen der RAV-Beraterin
- Selbst verschuldetes Nichtaufnehmen der selbständigen Erwerbstätigkeit nach Abschluss der Planungsphase

der Regel nur dann bestätigt, wenn einer arbeitslosen Person konkretes Fehlverhalten nachgewiesen werden kann. Meist muss der Kündigung zudem eine ausdrückliche Verwarnung durch den Arbeitgeber vorangegangen sein.

EINER ANGESTELLTEN WURDE wegen Differenzen mit dem Chef gekündigt. In der Arbeitgeberbescheinigung hiess es, die Mitarbeiterin habe ihren Chef nicht respektiert und seine Kompetenz in inakzeptabler Weise infrage gestellt. Daraufhin verhängte die Arbeitslosenkasse 31 Einstelltage wegen selbst verschuldeter Arbeitslosigkeit. Die Frau erhob dagegen Einsprache, schilderte die Situation aus ihrer Sicht und bat ehemalige Arbeitskollegen, als Zeugen auszusagen – mit durchschlagendem Erfolg. Aufgrund der Aussagen kam die Arbeitslosenkasse nun zum Schluss, der Gekündigten könne kein massgebliches Fehlverhalten vorgeworfen werden. «Allenfalls kann von einem zwischenmenschlichen Problem zwischen ihr und ihrem Vorgesetzten gesprochen werden.» Die Einsprache wurde gutgeheissen, die Einstelltage wurden aufgehoben.

Anders verhielt es sich im folgenden Fall, der schliesslich vom Bundesgericht entschieden wurde.

EIN ARBEITNEHMER AUS DEM GASTGEWERBE erhielt die Kündigung, nachdem er dreimal wegen Zuspätkommens schriftlich verwarnt worden war. Das höchste Gericht bestrafte den Fehlbaren wegen selbst verschuldeter Arbeitslosigkeit mit 31 Einstelltagen, was der unteren Grenze von «schwerem Verschulden» entspricht. Pünktlichkeit sei im Gastgewerbe von ausserordentlicher Wichtigkeit, betonte das Gericht. In dieser Branche müsse ein Arbeitgeber rechtzeitig auf sein Personal zählen können (Urteil des Bundesgerichts C 207/05 vom 31.10.2006).

ACHTUNG *Wer die Arbeitslosenversicherung betrügt, macht sich strafbar. Wer bewusst falsche Angaben macht oder mit irgendwelchen Tricks Leistungen erschleicht, kann mit Geld- oder Freiheitsstrafen belegt werden.*

So können Sie sich wehren

Einstelltage werden in einer **schriftlichen Verfügung** mitgeteilt. Die Verfügung enthält eine Begründung und eine Rechtsmittelbelehrung. Darin werden Sie informiert, wo und wie Sie Einsprache erheben können. Grundsätzlich ist das innert 30 Tagen möglich. Die Einsprache richten Sie an die Stelle, die die Verfügung erlassen hat.

Aufgrund Ihrer Einsprache muss die verfügende Stelle den Entscheid nochmals überprüfen. Sind Sie mit diesem Einspracheentscheid nicht einverstanden, können Sie bei einem kantonalen Gericht dagegen Beschwerde einreichen. Danach bleibt als letzte Instanz noch die sozialrechtliche Abteilung des Bundesgerichts in Luzern.

Das Verfahren ist bis zum kantonalen Gericht kostenlos. Erst bei einer Beschwerde ans Bundesgericht wird ein Kostenvorschuss verlangt und am Ende der unterliegenden Partei eine Gerichtsgebühr von 200 bis 1000 Franken auferlegt. Nehmen Sie einen Anwalt und verlieren Sie den Prozess, müssen Sie auch sein Honorar bezahlen.

In der Einsprache bzw. Beschwerde müssen Sie angeben, welchen Entscheid Sie anfechten wollen. Halten Sie fest, was Sie mit Ihrer Eingabe erreichen wollen, zum Beispiel eine Aufhebung der Verfügung oder eine Reduktion der Einstelltage. Das ist Ihr Rechtsbegehren. Begründen Sie Ihren Antrag (Musterbrief im Anhang).

Während des Verfahrens haben Sie Anspruch auf rechtliches Gehör und Akteneinsicht. Zum Beispiel haben Sie das Recht, die Angaben Ihres früheren Arbeitgebers zu überprüfen. Die in der Rechtsmittelbelehrung angegebenen Fristen müssen Sie unbedingt einhalten!

TIPP *Immer, wenn Sie mit einem Entscheid des RAV, der Arbeitslosenkasse oder des kantonalen Amtes nicht einverstanden sind – zum Beispiel, wenn Ihr Kursgesuch abgelehnt wird oder wenn die Abrechnung nicht korrekt ist –, können Sie eine begründete schriftliche Verfügung verlangen. Mit mündlichen Erklärungen müssen Sie sich nicht zufrieden geben.*

Probleme mit dem RAV-Berater

Ihre wichtigste Ansprechstelle während der Arbeitslosigkeit ist das RAV. Eine erfahrene, menschlich integre Beraterin kann Ihnen vieles erleichtern und wesentlich mithelfen, dass der berufliche Neuanfang gelingt.

Mitunter kann es jedoch auch zu Konflikten zwischen Beraterin und Klient kommen. Beratungsfehler und Schikanen müssen Sie sich nicht gefallen lassen

Die Aufklärungspflicht der RAV-Berater

Immer wieder fallen Arbeitslose aus allen Wolken, wenn sie mit Einstelltagen gebüsst werden. Sie sind der Meinung, sich korrekt verhalten und nichts falsch gemacht zu haben. Und doch sind sie über einen der vielen Fallstricke gestolpert, die das komplizierte Gesetz für Laien bereithält. Aufgabe der RAV-Berater ist es, ihre «Schäfchen» rechtzeitig zu warnen, wenn deren Verhalten irgendwelche Regeln verletzt.

EIN MANN MELDETE SICH im November arbeitslos. Schon beim Erstgespräch am 18. Dezember gab er an, dass er beabsichtige, im Februar einen fünfmonatigen Sprachaufenthalt anzutreten. Mitte Januar bestätigte er dies in einem Brief ans RAV. Darauf erhielt er eine Verfügung, er sei für die kurze Zeit – zweieinhalb Monate – bis zum Sprachaufenthalt nicht vermittlungsfähig und habe deshalb keinen Anspruch auf Taggeld. Der Versicherte verstand die Welt nicht mehr: Wieso hatte ihn die Beraterin beim Gespräch im Dezember nicht darauf aufmerksam gemacht, dass er mit dem Sprachaufenthalt sein Taggeld riskierte?

Das Bundesgericht, das sich schliesslich mit dem Fall befassen musste, gab dem Mann Recht. Zwar sei er unter den gegebenen Umständen tatsächlich nicht vermittlungsfähig, aber das RAV habe eine Beratungspflicht und müsse die Versicherten auf mögliche Probleme, die sich aus ihrem Verhalten ergeben, aufmerksam machen. Diese Beratungspflicht sei verletzt worden. Deshalb sei der Versicherte so zu stellen, wie wenn er anlässlich des Erstgesprächs auf die Konsequenzen hingewiesen worden wäre und den Sprachaufenthalt deshalb verschoben hätte (BGE 131 V 472).

Zur Wehr setzen kann man sich also, wenn man von RAV oder Arbeitslosenkasse nachweisbar falsch beraten wurde. Dabei muss eine Reihe von Voraussetzungen erfüllt sein:

- Die Behörde hat sich nicht allgemein geäussert, sondern Ihnen persönlich einen (falschen) Rat gegeben oder eine Information vorenthalten.
- Sie durften mit gutem Grund davon ausgehen, dass die Behörde für Ihr Anliegen zuständig war.
- Sie konnten die Unrichtigkeit der Auskunft nicht ohne Weiteres erkennen und haben daraufhin Entscheide getroffen, die Sie nicht korrigieren können und die Ihnen Nachteile bringen.
- Die Gesetze wurden seit der Auskunft nicht geändert.

Wenn Sie schikaniert werden

Die RAV sind chronisch überlastet, viele Beraterinnen und Berater stehen unter Druck und können nicht immer so intensiv auf die Versicherten eingehen, wie es nötig wäre. Ausserdem haben sie eine Doppelfunktion: Sie sind nicht nur Berater, sondern auch Kontrolleure, die ihren Klienten auf die Finger sehen.

Treten Sie Ihrer Beraterin offen und ehrlich gegenüber. Sprechen Sie über Ihre Probleme, über das moralische Tief, in dem Sie sich gerade befinden. Vermeiden Sie Mogeleien und Halbwahrheiten. Dann werden Sie in der Regel Verständnis und Hilfe erhalten.

Beraterwechsel beantragen

Wie überall gibt es aber schwarze Schafe. Despektierliche Bemerkungen und Schikanen müssen Sie nicht akzeptieren. Wenn Sie Ihre Beraterin als untragbar empfinden und sich die Probleme in einem klärenden Gespräch nicht bereinigen lassen, können Sie sich schriftlich an die Leitung des RAV wenden und einen Beraterwechsel beantragen. Begründen Sie Ihren Wunsch möglichst genau und plausibel. Wenden Sie sich wenn nötig an die jeweils nächsthöhere Stelle. Vorgesetzte der RAV sind die kantonalen Ämter für Wirtschaft und Arbeit; oberste Aufsichtsbehörde ist das Staatssekretariat für Wirtschaft (Seco) in Bern (siehe Seite 88).

Die Kasse fordert Geld zurück

Hat Ihnen die Kasse irrtümlich mehr Geld ausgezahlt, als Ihnen zusteht, oder behauptet sie das zumindest? Dann kann sie – sobald sie den Irrtum entdeckt – innert eines Jahres eine Rückforderung verfügen. Liegt die irrtümliche Zahlung schon mehr als fünf Jahre zurück, darf nichts mehr zurückverlangt werden.

Eine solche Rückforderung kommt immer ungelegen – das knappe Budget eines Arbeitslosen kann sie vollends aus dem Gleichgewicht bringen.

Ihre Möglichkeiten

Wenn Sie den geforderten Betrag nicht zahlen können oder wollen, haben Sie zwei Möglichkeiten:

- Die Rückforderung erfolgt Ihrer Meinung nach zu Unrecht: Dann können Sie gegen die Rückforderungsverfügung innert 30 Tagen **Einsprache** erheben (siehe Seite 169).
- Die Rückforderung erfolgt zu Recht, bringt Sie aber in finanzielle Nöte: Dann können Sie innert 30 Tagen nach Erhalt der Verfügung ein **Erlassgesuch** stellen (Muster im Anhang). Anhand Ihrer finanziellen Situation prüft die ALV, ob Ihnen die Rückerstattung wegen grosser Härte erlassen werden kann. Voraussetzung ist jedoch, dass Sie das Geld seinerzeit im guten Glauben entgegengenommen haben. Beruhte der Irrtum der Kasse auf falschen oder versäumten Angaben Ihrerseits, müssen Sie auch bei schlechter Finanzlage alles zurückzahlen. Ein Erlassgesuch können Sie auch stellen, nachdem Sie die Rückforderung erfolglos angefochten haben.

Dass man sich gegen ungerechtfertigte Rückforderungen wehren kann, zeigt das folgende Beispiel.

FRED P. KÜNDIGTE SEIN ARBEITSVERHÄLTNIS, um sich selbständig zu machen, und gründete eine GmbH. Nach wenigen Monaten musste er seinen Traum jedoch begraben. Er nahm die geschäftliche Tätigkeit gar nicht erst auf und meldete sich arbeitslos. Neun Monate später erhielt er unerfreuliche Post: Die Arbeitslosenkasse stellte sich nun plötzlich auf den Standpunkt, Herr P. habe als Inhaber einer Firma gar keinen Anspruch auf Arbeitslosenentschädigung, und forderte über 35 000 Franken zurück. Zu Fred P.s grosser Erleichterung korrigierte das kantonale Versicherungsgericht den Entscheid: Man könne Herrn P. keinen Vorwurf machen, dass er sich selbständig machen wollte und damit gescheitert sei. An seinem letzten Arbeitsort sei er normaler Arbeitnehmer ohne Führungsfunktionen oder arbeitgeberähnliche Stellung gewesen. Gestützt auf das damals erzielte Einkommen habe er daher Anspruch auf Taggeld. Die Rückforderung wurde aufgehoben.

Anhang

CHECKLISTE ZEUGNISBEURTEILUNG

Anhand dieser Checkliste können Sie prüfen, ob Ihr Zeugnis vollständig und aussagekräftig ist. Folgende Punkte sollten nicht fehlen:

- ☐ **Ihre vollständigen Personalien** inklusive Geburtsdatum und allfälliger berufsrelevanter Titel

- ☐ **Name und Adresse des Arbeitgebers**

- ☐ **Dauer der Anstellung:** Austritt Monatsende oder beliebiges Datum? Letzteres könnte auf eine fristlose Entlassung hinweisen; bei Freistellung oder Ferienbezug am Ende der Kündigungsfrist ist das Monatsende anzugeben. Wenn das Ausstellungsdatum vom Austrittsdatum stark abweicht, könnte das auf eine längere Auseinandersetzung um das Zeugnis hindeuten.

- ☐ **Position und hierarchische Stellung:** Genaue Funktion, Kompetenzen, Verantwortlichkeiten, Beförderungen, Versetzungen während der Zeit der Anstellung

- ☐ **Tätigkeit und Aufgabenbereich:** Vollständig, chronologisch, nach Wichtigkeit geordnet? Ergibt die Tätigkeitsbeschreibung ein klares Bild? Ist sie verständlich?

- ☐ **Leistungsbeurteilung** (Beispiele):
  - Leistungsbereitschaft: Einsatzwille, Engagement, Bereitschaft zu Mehrarbeit, Belastbarkeit, Eigeninitiative etc.
  - Arbeitshaltung: Verantwortungsbewusstsein, Zuverlässigkeit, Effizienz, Selbständigkeit, Stressverhalten
  - Fachkompetenz: Auffassungsgabe, vorhandenes (aktuelles?) Wissen, Fähigkeiten, Erfahrung, Weiterbildung, Nutzen für das Unternehmen
  - Besondere Stärken: Sprachkenntnisse, Umgang mit Zahlen, Organisationstalent, Verkaufstalent etc.
  - Tatsächlich erbrachte Leistung: Erfolge, erreichte Ziele, vollendete Projekte, erledigte Aufgaben, Einhalten von Terminen. Wird die Leistung qualitativ und quantitativ bewertet? Wenn die Arbeitshaltung (Interesse, Fleiss, Einsatzbereitschaft) gelobt wird, sollte immer auch stehen, was dabei herausgekommen ist.
  - Allgemein: Steht die Leistungsbewertung in einem Zusammenhang mit dem Tätigkeitsprofil oder handelt es sich bloss um allgemeine, auswechselbare Floskeln? Wo liegen die Schwerpunkte? Werden verstärkende Adverbien und Superlative verwendet (stets, voll und ganz, jederzeit,

ausserordentlich)? Fehlt etwas, was für die Tätigkeit wesentlich wäre? Werden Banalitäten und Selbstverständliches besonders hervorgehoben oder Fähigkeiten, die mit der Tätigkeit nichts zu tun haben? Ist die Zufriedenheit des Arbeitgebers ausdrücklich vermerkt?

☐ **Beurteilung des Verhaltens:**
- Gegenüber Vorgesetzten, Arbeitskollegen, Dritten, gegebenenfalls Kunden, Geschäftspartnern
- Freundlichkeit, Beliebtheit, Kommunikationsverhalten
- Teamfähigkeit, Sozialkompetenz, Durchsetzungsfähigkeit
- Identifikation mit der Firma, Loyalität, Vertrauenswürdigkeit

☐ **Bei Führungspersonen:** Werden Führungsqualitäten, Führungsstil, Verhältnis zu Untergebenen, besondere Führungsleistungen erwähnt? Geht auch aus der Leistungsbeurteilung hervor, dass es sich um eine Kaderperson handelt, oder klingt das Zeugnis eher nach Sachbearbeiter («erledigte die ihm übertragenen Aufgaben ...»)?

☐ **Austrittsgrund** (vom Gesetz nicht vorgeschrieben): Wird klar, wer gekündigt hat? Und weshalb? Stimmt das?

☐ **Schlusssätze:** Dank für die geleistete Arbeit (wertvolle, hervorragende etc.)? Ausdruck des Bedauerns? Wünsche für die Zukunft (Gradmesser, wie sehr die Mitarbeiterin geschätzt wurde)?

☐ **Unterschriften:** Wer hat unterschrieben, ist die Funktion angegeben? Sie haben Anspruch darauf, dass Ihr Zeugnis von hierarchisch übergeordneten Personen unterschrieben wird. Bei Vergleich mit Zwischenzeugnissen: Hat dieselbe Person unterschrieben?

☐ **Allgemeiner Eindruck:**
- Wie wirkt das Zeugnis? Zu lang, zu kurz? Stehen Aufgabenbereich und Leistungsbewertung in einem ausgewogenen Verhältnis?
- Tonfall (kühl, freundlich, persönlicher Stil oder Standardfloskeln)?
- Ist das Zeugnis vollständig?
- Inhaltlicher Aufbau, Darstellung, Orthografie: Ist der Verfasser ein Profi oder eher nicht (je nachdem sind Aussagen anders zu gewichten)?
- Entspricht die Länge und Ausführlichkeit des Zeugnisses der Anstellungsdauer?
- Gibt es Ungereimtheiten, Widersprüche, ungewöhnliche Formulierungen, Zweideutiges? Kann ein Aussenstehender wissen, was gemeint ist?

Musterbriefe

Alle Musterbriefe stehen unter www.beobachter.ch/download bereit zum Herunterladen und selber Bearbeiten.

Ausstehender Lohn: erste Mahnung

Mahnung

Sehr geehrte/r ...

Bei der Durchsicht meiner Bankbelege habe ich festgestellt, dass ich meinen Oktoberlohn noch nicht erhalten habe. Bitte überweisen Sie den Betrag in den nächsten drei Tagen auf mein Konto.

Freundliche Grüsse

Ausstehender Lohn: Arbeitsniederlegung androhen

Zweite Mahnung

Sehr geehrte/r ...

Mit Schreiben vom 6. November habe ich Sie darauf hingewiesen, dass mein Oktoberlohn noch aussteht, und Sie gebeten, mein Guthaben zu überweisen. Bis heute ist das Geld nicht eingetroffen.

Ich ersuche Sie nochmals, meinen Lohn in den nächsten fünf Tagen zu überweisen. Sollte ich das Geld nach Ablauf dieser Frist nicht erhalten haben, werde ich die Arbeit niederlegen. Ich hoffe, dass es nicht so weit kommen wird.

Freundliche Grüsse

Bitte um Kündigungsbegründung

Begründung der Kündigung

Sehr geehrte/r …

Ihre Kündigung vom 26. Oktober 20zz habe ich zur Kenntnis genommen. Gestützt auf Artikel 335 OR bitte ich Sie, diese Kündigung zu begründen.

Freundliche Grüsse

Krank während der Kündigungsfrist

Verlängerung der Kündigungsfrist

Sehr geehrte/r …

Wie ich Sie bereits telefonisch informiert habe, bin ich erkrankt. In der Beilage erhalten Sie ein Arztzeugnis. Durch diese Krankheit wird die zurzeit laufende Kündigungsfrist unterbrochen. Das Arbeitsverhältnis verlängert sich somit um einen Monat bis Ende Juni 20xx. Selbstverständlich biete ich Ihnen für die verlängerte Kündigungsfrist meine Arbeitskraft an.

Freundliche Grüsse

Protest gegen Kündigung zur Unzeit

Ihre Kündigung vom 27. August 20xx

Sehr geehrte/r …

Beim Mitarbeitergespräch am 24. August habe ich Sie über meine Schwangerschaft informiert und auch gesagt, dass ich nach Ablauf des Mutterschaftsurlaubs meine Arbeit im Betrieb wieder aufnehmen will.

Am 27. August haben Sie mir auf den 31. Oktober gekündigt. Diese Kündigung ist nichtig. Während der Schwangerschaft und bis zu 16 Wochen nach der Geburt besteht eine Sperrfrist, während derer die Arbeitgeberin nicht kündigen darf.

Freundliche Grüsse

Einsprache gegen missbräuchliche Kündigung

Ihre Kündigung

Sehr geehrte/r ...

Am 14. Februar haben Sie mir die Kündigung geschickt mit der Begründung, meine Leistungen hätten nachgelassen. Diese Begründung ist nicht stichhaltig; beim Qualifikationsgespräch Ende Jahr wurden meine Leistungen durchwegs als gut bezeichnet.

Ich bin überzeugt, dass Sie die Kündigung ausgesprochen haben, weil ich meinen Ferienlohn von 8,33 Prozent eingefordert habe. Diese Forderung ist rechtmässig, denn auch Aushilfen im Stundenlohn haben Anspruch auf bezahlte Ferien. Deshalb ist Ihre Kündigung missbräuchlich.

Sollten Sie nicht bereit sein, die Kündigung zurückzuziehen, werde ich beim Arbeitsgericht auf Entschädigung klagen.

Freundliche Grüsse

Protest gegen fristlose Entlassung

Fristlose Entlassung

Sehr geehrte/r ...

Sie haben mich heute, Donnerstag, 15. September 20zz, ohne wichtigen Grund fristlos entlassen. Dagegen protestiere ich.

Da Sie gegen meinen Willen auf meine weitere Mitarbeit verzichten, werde ich eine neue Stelle suchen. Von Ihnen fordere ich Ersatz für den mir entstandenen Schaden. Sollte diesbezüglich keine gütliche Einigung möglich sein, werde ich ohne Weiteres beim Arbeitsgericht Klage gegen Sie einreichen.

Freundliche Grüsse

Regelung der Freistellung festhalten

Freistellungsvereinbarung

______________________________ (Name und Adresse Arbeitgeberin)

und

______________________________ (Name und Adresse Arbeitnehmer)

vereinbaren:

1. Das Arbeitsverhältnis wird per 30. September 20zz aufgelöst.
2. Die Arbeitgeberin stellt den Arbeitnehmer per sofort von der Arbeitsleistung frei.
3. Die Arbeitgeberin entrichtet den Lohn bis zum Ablauf der Kündigungsfrist weiter, inklusive aller Zulagen (Anteil am 13. Monatslohn, Pauschalspesen).
4. Sämtliche Ansprüche aus Ferien und Überstunden sind durch die Freistellung abgegolten.
5. Der Arbeitnehmer ist verpflichtet, die Arbeitgeberin zu informieren, sollte er vor dem 30. September 20zz eine neue Stelle antreten. In diesem Fall entfällt die Lohnfortzahlungspflicht der Arbeitgeberin.
6. Der Arbeitnehmer gibt den Firmenwagen und den Laptop am 30. September zurück.
7. Der Arbeitnehmer hat die Möglichkeit, von der Kollektivkrankentaggeldversicherung in eine Einzelversicherung überzutreten. Will er von dieser Möglichkeit Gebrauch machen, teilt er dies der LebenPlus-Versicherung bis spätestens 30. September 20zz mit.

Ort, Datum

Unterschrift Arbeitgeberin　　　　Unterschrift Arbeitnehmer

Unzufrieden mit dem Arbeitszeugnis

Arbeitszeugnis

Sehr geehrte/r ...

Mit dem Zeugnis, das Sie mir übergeben haben, bin ich nicht in allen Punkten einverstanden. Insbesondere fehlt der Hinweis auf meine Weiterbildung im Jahr 20zz. Zudem habe ich von November 20yy bis März 20xx das Projekt Futuro 3000 erfolgreich durchgeführt. Auch dies sollte in meinem Zeugnis erwähnt werden.

Im Übrigen bin ich der Meinung, dass die Beurteilung meiner Leistung allzu knapp ausgefallen ist. Ich erlaube mir, Ihnen einen eigenen Zeugnisvorschlag zu unterbreiten, und hoffe, dass wir uns auf dieser Basis einigen können.

Freundliche Grüsse

Falsche Taggeldberechnung

Taggeldabrechnung

Sehr geehrte Damen und Herren

Der Taggeldabrechnung vom 14. März entnehme ich, dass mir für den Monat Februar eine Arbeitslosenentschädigung in Höhe von 3720 Franken ausgerichtet wird. Dieser Betrag scheint mir viel zu tief zu sein. Nach meinen Berechnungen müsste ich 4230 Franken erhalten. Meine genaue Berechnung finden Sie in der Beilage.

Ich bitte Sie, die Abrechnung zu korrigieren. Andernfalls ersuche ich Sie, mir eine beschwerdefähige Verfügung zuzustellen.

Freundliche Grüsse

Einsprache gegen Einstelltage

Einsprache

Sehr geehrte Damen und Herren

Ich erhebe Einsprache gegen Ihre Verfügung vom 15. August 20zz.

Sie haben darin 30 Einstelltage verfügt mit der Begründung, ich hätte meine Kündigung selber verschuldet.

Dies trifft nicht zu. Ich wurde an meinem letzten Arbeitsplatz während Monaten massiv schikaniert. Wie Sie aus dem beigelegten Bericht entnehmen können, hat mir mein Arzt aus gesundheitlichen Gründen dringend geraten, die Stelle aufzugeben.

Ich bitte Sie, Ihren Entscheid zurückzunehmen.

Freundliche Grüsse

Gesuch um Erlass der Rückzahlung von Taggeldern

Erlassgesuch

Sehr geehrte Damen und Herren

Sie fordern von mir den Betrag von Fr. 5000.– zurück, weil meine Arbeitslosentaggelder zu hoch berechnet waren.

Ich bitte Sie, mir diese Forderung zu erlassen. Wie Sie schreiben, waren die Beiträge falsch berechnet. Dieser Fehler war für mich nicht erkennbar. Ich wusste nicht, dass die Taggelder zu hoch angesetzt waren.

Als alleinerziehende Mutter eines Kindes im Vorschulalter habe ich grösste Mühe bei der Stellensuche. Eine Rückzahlung brächte mich in erhebliche finanzielle Not.

Für die Prüfung meines Anliegens danke ich Ihnen.

Freundliche Grüsse

Weiterführende Links

Beobachter-Beratungszentrum

Das Wissen und der Rat der Fachleute in acht Rechtsgebieten stehen den Mitgliedern des Beobachters (Abonnentinnen und Abonnenten) im Internet und am Telefon unentgeltlich zur Verfügung (wer kein Abonnement hat, kann online oder am Telefon eines bestellen und erhält sofort Zugang zu den Dienstleistungen).

- HelpOnline: rund um die Uhr im Internet unter www.beobachter.ch/beratung (→ HelpOnline)
- Telefon: Montag bis Freitag von 9 bis 13 Uhr, Direktnummern der Fachbereiche unter www.beobachter.ch/beratung (→ Telefon) oder 043 444 54 00, Fachbereich Arbeit: Tel. 043 444 54 01
- Kurzberatung per E-Mail: Link zu den Fachbereichen unter www.beobachter.ch/beratung (→ E-Mail)
- Beobachter-Anwaltsnetz mit Suchmöglichkeit nach Arbeitsgebiet und Standort: www.beobachter.ch/beratung (→ Anwalt finden)
- Kostenpflichtige Spezialberatung: Überprüfen von Arbeitszeugnissen, Informationen unter www.beobachter.ch/beratung (→ Arbeitszeugnis)

Rechtliche Informationen

www.admin.ch (→ Dokumentation → Gesetzgebung → Systematische Sammlung)
Direkt zum Wortlaut der Gesetzesartikel durch Eingabe der Artikelnummer, zum Beispiel: «OR 335c» für Kündigungsfristen oder «AVIG 8» für die Anspruchsvoraussetzungen zum Bezug von Taggeld

www.ahv-iv.info
Informationen zu AHV, IV, ALV, Mutterschaftsentschädigung; Merkblätter, Adressen der Ausgleichskassen

www.bger.ch (→ Rechtsprechung)
Die Entscheide des Bundesgerichts im Wortlaut

www.chaeis.ch
Informationen zur Stiftung Auffangeinrichtung BVG

www.ebg.admin.ch (→ Themen → Gleiche Rechte → Gleichstellungsgesetz)
Adressen der kantonalen Schlichtungsstellen bei Diskriminierung im Erwerbsleben

www.treffpunkt-arbeit.ch
Webseite des Staatssekretariats für Wirtschaft (Seco) mit gut aufbereiteten Informationen für Arbeitslose, Merkblättern und Adressen der RAV

Beratung für Arbeitslose

www.beratungsnetz.ch
(→ impuls-treffpunkt)
Beratungsstelle des Schweiz. Arbeiterhilfswerks für Erwerbslose, Zürich

www.dfa.ch
Kirchliche Fachstelle für Arbeitslose, Zürich

www.kabba.ch
Komitee der Arbeitslosen und Armutsbetroffenen

www.proarbeit-zug.ch
Arbeitslosentreff, Beratungs- und Weiterbildungsangebote, Zug

www.ref.ch/gl (→ Dienstleistungen → ALO-Treff)
Treff für Erwerbslose im Kanton Glarus

www.selbsthilfe-zuerich.ch
Für stellenlose Fach- und Führungskräfte

www.triio.ch
Beratungsstelle für Erwerbslose, Bern

www.viavia.ch
Kontaktstelle für Arbeitslose, Basel

Laufbahnberatung, Weiterbildung

www.alice.ch
Webseite des Schweizerischen Verbands für Weiterbildung (SVEB)

www.berufsberatung.ch
Ausführliche Links und Informationen zur Berufs- und Laufbahnberatung

www.svb-asosp.ch
Webseite des Schweizerischen Verbands für Berufsberatung (SVB) mit Adressen von Berufsberatungsstellen, Berufsverzeichnissen und Informationen zu Aus- und Weiterbildung

www.swissuni.ch
Informationsplattform zu Weiterbildungsmöglichkeiten an den schweizerischen Universitäten

www.weiterbildung.ch
Links zu verschiedenen Weiterbildungsangeboten

Jobsuche

www.jobpilot.ch

www.jobs.ch

www.jobscout24.ch

www.jobsuchmaschine.ch

www.jobwinner.ch

www.monster.ch

www.stellenlinks.ch

www.swissemigration.ch
(Auslandspraktika und Jobsuche im Ausland)

www.topjobs.ch
(Kaderstellen)

Beobachter-Ratgeber

Baumgartner, Gabriela: **Mit Geld richtig umgehen.** Budget, Sparen, Wege aus der Schuldenfalle. 2. Auflage, Beobachter-Edition, Zürich 2012

Baumgartner, Gabriela; Bräunlich Keller, Irmtraud: **Fair qualifiziert?** Mitarbeitergespräche, Arbeitszeugnisse, Referenzen. Beobachter-Edition, Zürich 2012

Bräunlich Keller, Irmtraud: **Arbeitsrecht.** Vom Vertrag bis zur Kündigung. 12. Auflage, Beobachter-Edition, Zürich 2013

Bräunlich Keller, Irmtraud: **Flexibel arbeiten: Temporär, Teilzeit, Freelance.** Was Sie über Ihre Rechte wissen müssen. 2. Auflage, Beobachter-Edition, Zürich 2012

Bräunlich Keller, Irmtraud: **Mobbing – so nicht!** Wie Sie sich gegen Schikanen am Arbeitsplatz wehren. 2. Auflage, Beobachter-Edition, Zürich 2011

Dacorogna-Merki, Trudy: **Stellensuche mit Erfolg.** So bewerben Sie sich richtig. 13. Auflage, Beobachter-Edition, Zürich 2013

Limacher, Gitta: **Krankheit oder Unfall – wie weiter im Job?** Das gilt, wenn Sie nicht arbeiten können. Beobachter-Edition, Zürich 2015

Reemts Flum, Brigitte; Nadig, Toni: **50 plus – Neuorientierung im Beruf.** Chancen erkennen und mit Erfahrung punkten. Beobachter-Edition, Zürich 2016

Winistörfer, Norbert: **Ich mache mich selbständig.** Von der Geschäftsidee zur erfolgreichen Firmengründung. 14. Auflage, Beobachter-Edition, Zürich 2015

Meine Notizen

Meine Notizen